はじめに
──現場の皆さんへ

　私が本書のテーマである「モチベーションマネジメント」の重要性に着目した
きっかけは、2003年に出会った「感情労働」という社会学の用語にあります。当
時、私はこの言葉に新鮮な驚きを感じました。

　さっそく提唱者である社会学者の A.R. ホックシールドの著書「管理される心
─感情が商品になるとき」を手に入れました。ホックシールドが研究対象とした
のは航空機の客室乗務員です。それは、機上ではあふれるばかりの笑顔を振りま
く彼女たちが、地上に降りるとなぜあれほど怒りの感情を爆発させるのかに関心
を持ったためでした。彼女は、長時間にわたるインタビューから、サービス産業
で働く人は「笑顔」を装い、感情を「商品の一部」として提供することを強いら
れ、精神を酷使させられることに感情労働が内包する問題の核心を見つけます。
　読み進めるうちに「もっとも過酷な感情労働者はケアマネジャーやソーシャル
ワーカーなどの相談援助職や福祉職ではないか？」と私は思い至りました。
　なぜなら、介護保険が始まって3〜5年目くらいから燃え尽き症候群で職場を
去るケアマネジャーの話を頻繁に耳にするようになり、また、クライアントへの
支援に心が折れそうになっている専門職が多数生まれていたからです。
　当時はスーパービジョンがブームでした。しかし、これでは感情労働に従事す
る専門職、とりわけ相談援助職の心を支えるには十分でないと直感しました。な
ぜなら極めて内観的・内省的な「自己覚知」ばかりに比重を置いたものだったか
らです。

相談援助職のケアマネジャーは、生きづらさを抱えるクライアントのもとへ出かけ、１時間近くも傾聴と共感のかかわりをします。クライアントが語る不安や悩み、怒りや悲しみ、やりきれなさなどの言葉をシャワーのように浴び続けているのです。

　ある40代のケアマネジャーが「訪問先で心の愛情タンクが空っぽになってしまうことがあります。事務所で私の愚痴をまともに相手してくれる余裕のある人もいません。私を支えてくれる人は誰なのでしょう？」と悲痛な思いを話してくれたことがあります。

　ケアマネや福祉職の皆さんはどれだけストレスフルであってもクライアントへのかかわりをやめることはできません。抱える困難が大きく、深い孤立のなかでもがくクライアントにほど、皆さんは使命感に駆られ前のめりになって支援に走りまわっていました。

　……ならば、ストレスを抱えながらもクライアントに向き合える「折れない心」を育てる技法があれば、どれだけケアマネ・福祉職の皆さんの「仕事の支え」になることかと考え、私は15年前からモチベーションをテーマとする研修を始めたのです。

　モチベーションは心理学で証明された「心の動機づけ理論（モチベーション理論）」だと私は考えます。これまでの精神主義や根性論とはまったく一線を画す理論です。実は皆さんがかつて学んだマズローの欲求5段階説も、ポジティブ心理学で提唱される「レジリエンス」（回復力）も、アルフレッド・アドラーのアドラー心理学も、いずれもモチベーション理論なのです。

　本書では世界のモチベーション理論と私が考案したノウハウを「21のモチベーションメソッド（技法）」としてわかりやすくまとめました。実はモチベーションメソッドには誰にでも効くという「特効薬」はありません。どのメソッドがあなたと相性がよいのか、それはあなた自身が試してみてわかることです。

　はじめのうちは３種類くらいを使うだけで十分です。そのうち10種類くらい使いこなせるようになってくるでしょう。あるいは、もうすでに似たようなことを

やっている人もいるかもしれませんが、本書の理論を学ぶことで、さらに使い勝手がよくなるでしょう。ある程度のモチベーションメソッドが使いこなせるようになった時、「折れない心」が育っていることを実感するでしょう。

そして、このメソッドがクライアントやケアチーム、新人やベテランへのモチベーション支援にも活用できることを知るでしょう。

私もこれまでに実にいろいろな失敗や挫折を経験してきました。心が折れそうな経験を乗り越え、潰れることなく今の私があるのは、私を励まし支えてくれたモチベーション理論のおかげともいえます。

そしてもう1つ……私にはかなわないと思う人がいつも心のなかにいます。それは、26年前に他界した父・茂雄です。30代で下肢麻痺の障害者となってもとても打たれ強く、いつもウイットのあることを言っては、私たち家族や周囲を笑いに包んでくれました。しかし、時折、自分に腹を立て、悔しさにじっと堪えている表情は今でも忘れることはできません。

父もまた折れそうな自分と向き合い、モチベーションを常に湧き立たせる努力をしていた人なのだと思います。

モチベーションアップは自分一人だけでは限界があります。「モチベーションの好循環」をどのように作り上げるか……その「秘訣」が本書に散りばめられています。

さあ、「21のモチベーションメソッド」を使って、あなたの「折れない心」を育てるチャレンジの始まりです。

2020年2月

高室成幸

CONTENTS

PART4 モチベーション支援──応用編──

資料編

おわりに / 著者紹介

COLUMN

PART **1**

ケアマネ・
福祉職の
メンタルマネジメント

1 ケアマネ・福祉職の メンタルの危機

ケアマネ・福祉職のメンタルは 常に「危機」を抱えている

対人援助職には介護技術や看護技術を用いて直接クライアント（利用者、患者など）に接する「**直接援助職**」と相談技法とマネジメント技法を使って間接的にクライアントに接する「**間接援助職**」（相談援助職）の2つがあります。

- 間接援助職：ケアマネジャー（介護支援専門員、相談支援専門員）、社会福祉士、医療ソーシャルワーカーなど
- 直接援助職：介護職（介護福祉士・ヘルパー）、看護師、理学療法士、作業療法士など

これまで直接援助職のなかでも福祉・介護職のストレスが問題視されてきました。具体的には、第1に「体力的疲労からくるストレス」があります。移動・移乗、排泄、入浴、食事などの介助は相応の体力が必要とされます。その上、慢性的な人材不足で「走り回る」のが常態化し、3交替の勤務シフトは生活リズムを不規則にさせ、体力だけでなく精神的な消耗も深刻です。

第2にケアチーム間の「人間関係のストレス」があります。介護・看護・リハビリ職と専門性の異なる専門職がケアチームを組むためには信頼関係が重要です。しかし、入れ替わりが激しい職場では業務を回すのが優先され、**ストレスフルな関係**に陥りがちです。定着率の低さがそれに拍車をかけています。

では、間接援助職である相談援助職のストレスはどうでしょうか。

ケアマネジャーが抱えるストレスには、クライアントにとって相談援助の業務のわかりにくさ、報酬上の評価の低さや業務の曖昧さが見てとれます。

その第1がマネジメント業務に必須となる「文書類の多さ」。第2にクライアントからの急な相談によって生じる「時間外労働」。第3に業務範囲が曖昧なために「煩雑な仕事」が多く、その結果、未達成感に拍車がかかっていること。第4に業務時間に比較して法人内の「評価と給与」が低いこと。第5に資格維持のために時間とコストがかかり、その多くが自己責任（自己負担）となっていること、といった5つのストレス源があります。

●直接援助職と相談援助職が抱えるストレス●

直接援助職

介護福祉士　ヘルパー

理学療法士　作業療法士　看護師

精神的疲労　体力的疲労

人間関係　定着率の低さ

相談援助職

ケアマネジャー　介護支援専門員　相談支援専門員

社会福祉士　医療ソーシャルワーカー

文書類の多さ　時間外労働

煩雑な仕事　低い評価と給与

資格維持　ジレンマ

また、法人（上司）からのサービス誘導の圧力といったコンプライアンスにかかわるジレンマもストレスのリスクとして無視できません。

相談援助という業務特質に潜むメンタルへの「高いリスク」

ケアマネジャーは「バイスティックの7つの原則」に象徴されるように、クライアント（家族）に「寄り添った相談援助」を行います。介護や看護、リハビリ職の業務は「**行うことへの支援（自立支援）**」です。支援内容が具体的であり、介護用品や福祉用具、治療薬、リハビリ機器類などを使います。それに加えて看護やリハビリは医師の指示書が基本となっている点も重要なポイントです。

一方、相談援助はクライアントが「**決めることへの支援（自律支援）**」を行います。本人（家族）が自己決定するプロセスを、さま

ざまな情報やエピソードなどを提供し、**相談というスタイル**で支援します。

相談援助は「共感と受容」を基本としますが、相談援助職にも相性があり、どうしても受け入れがたいクライアントもいるでしょう。社会経験や知見の未熟さは共感性と受容性にとって「大きな壁」となり、相談援助職の心のなかに「ジレンマ」を生むことになります。

相談援助という援助手法のなかに次のような「高いリスク」が潜んでいることを理解することで、極度のストレスで援助者が追いつめられないようにするためのリスクマネジメントが可能となります。

Ⅰ）クライアント（本人、家族）

クライアントは生活者としての「強さ」や前向きな気持ちを持っている一方で、心身の動作や暮らしの行為に「なんらかの困難さ」や「生きづらさ」「暮らしづらさ」を抱え、

さまざまな葛藤のなかにいます。

その困難さに家族・親族および地域からの孤立や経済的な困窮、移動・買物困難、認知症や精神疾患、慢性的な疾患などが影響すると、状況はさらに複合的に深刻化します。

ケアマネ・福祉職のストレスのリスクはクライアントの要求の変化が直接影響します。特にここ数年の支援困難ケースは次のように変化しています。

支援困難ケース

- 制度上対応できない無理難題や理不尽な要求を繰り返しする
- ケアマネジャーを「なんでも屋」「自分の家来」のように扱う
- 自らの権利ばかりを主張し説明を聞かない
- 対応や説明に難癖をつけ、個人を攻撃する
- 緊急でもないのに、深夜に電話をかけてくる
- わずかなことで激怒して呼びつけたり、電話で長く怒鳴り続ける
- わずかな不満でも行政に電話し、訴訟を起こすと脅す
- セクハラやパワハラまがいのことをしてくる

また、クライアントの家族のなかになんらかの問題を抱えている人（例：中高年となった子世代の引きこもり、発達障害による失業、精神疾患など）がいることがクライアントの悩みの原因にもなっていることも顕著になっています。

2）環境

支援が行われる環境とストレスはとても深く関係しています。

一般的に医師は患者の多くと診察室で向き合い、その時間は平均3〜5分程度です。悩みをカウンセリングする心理カウンセラーの場合は「相談室」で、時間は約1時間ほどです。患者や相談者が診察室や相談室から一歩外に出れば、そこで関係は切れます。

ところが在宅支援の場合、クライアントの自宅、つまり「住まい（居場所）」で行われることが多く、整理整頓された室内もあれば、玄関にまでゴミが乱雑に散らかり、足の踏み場にも戸惑う、ついひるんでしまう屋内環境もあります。

そのような環境もアセスメントには大切な情報なので、より集中して情報収集を行うことが結果的にストレスを溜めることにつながります。

3）関係と距離感

相談援助の基本は「受容と共感」とされています。信頼関係を作るために、まずクライアントに寄り添い、信頼関係（ラポールの関係）を築きます。その基本となるのが「**バイスティックの7原則**」です。

- 個別化の原則　　・自己決定の原則
- 受容の原則　　　・非審判的態度の原則
- 統制された制御の原則
- 意図的な感情の表出の原則
- 秘密保持の原則

この原則をもとに一般的には下記のような技法を活用して相談援助を行います。

●バイスティックの7原則と相談援助技法●

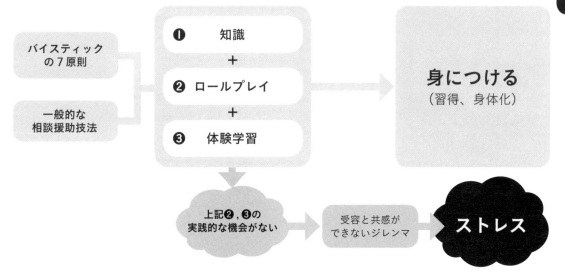

・アイコンタクト　・うなずき　・相づち
・沈黙の活用　・開かれた質問
・閉じられた質問　・繰り返し
・言い換える(関心)　・言い換える(展開)
・言い換える(気づき)　・要約する
・矛盾を指摘する　・解釈する
・話題を修正する　・感情表出を促す
・感情を表情で返す　・感情表現を繰り返す
・感情表現の言い換え・感情を言葉で返す
・過去の感情を言葉で返す
・「葛藤」を取り扱う

　これらの原則と技法を実践で使いこなすためには知識による理解だけでは不十分です。ロールプレイなどのワークショップによるトレーニング（OFF－JT）やOJTによる実践的な体験学習を通じてこそ「**身につける（習得、身体化）**」ことができます。

　しかしながら研修時間の制約から知識の習得が中心となり、実践的なトレーニングをする機会があまりなく相談援助の現場に出ているのが現状です。

　つまりクライアントの心理的つらさやニーズに応えることができず、そのクライアントを受容できない・共感できない自分をどのように「整理」すればよいのかわからない「ジレンマ」がストレスとなってケアマネジャーの心を蝕んでいるのです。

4）相談援助職の能力・資質・職場環境

　ケアマネジャーに求められる業務は2つあります。1つは直接援助としてのクライアントへの相談援助です。もう1つがケアチームと多職種との関係作りを含めた間接援助としてのマネジメント業務です。

　ケアマネジメントにはアセスメントやプランニングだけではなく、クライアントや連携先への説明力や会議進行のファシリテーション力、時間管理術、文書やプランの作成に伴

う文章記録術などが求められます。

つまり、ケアマネジャーに求められる幅広い業務があなたを悩ます「**リスク要因**」になっていることを認識しなければいけません。

また、どのような仕事にも「**向き・不向き**」があり、あなたの生活歴や性格、価値観、問題への立ち向かい方（考え方）など、自分の資質を十分に自己覚知していないと、相談援助職としての大きなリスクになることも無視できません。

そして、あなたが働く職場環境で公正中立やコンプライアンス、職業倫理が損なわれるような支援が行われると、そのジレンマとプレッシャーが「深刻なストレス」となってあなた自身を追いつめることになります。

特に利用者支援を最優先に考える相談援助職と、経営を最優先に考える法人・事業所で意見が合わないことが頻繁にみられると「大きなジレンマ」となってあなたを襲います。

ストレスを生む職場環境

・就労規則が曖昧で、時間外労働の未払い、休日出勤やサービス残業の常態化

・事業理念と管理職層の質の乖離

・クライアントの希望や相性を無視し、サービス利用への誘導を強要

・他のサービス事業所との兼務の強要

・経験を無視した支援困難ケースの押し付け

・過度なケースの持ち件数

・研修などの育成環境の未実施

やがてモチベーションが下がったままの「燃えられない症候群」や人生や人格さえ変えてしまう「燃え尽き症候群」に至ってしまう大きなリスクのきっかけとなります。資料編の「燃え尽き度テスト（P169）」を使ってセルフチェックができます。

メンタルの危機❶
〜燃えられない症候群〜

福祉・介護の仕事で働く人のなかには「社会の役に立ちたい」と使命感や社会貢献の気持ちにあふれて働き始める人がいます。また20〜30代は一般企業で働いたが「これが私の人生なのか？」と立ち止まり、福祉・介護の仕事に新しい希望を見出して転職してくる人たちがいます。

これらの「志ある人」も、福祉・介護の現場の厳しさや相談援助で出会うクライアントの生々しい現実に戸惑うことになります。

そして法人の建前と現実の乖離に唖然とし、やがて改善への気力も失せ、モチベーションが上がらないまま淡々と仕事をこなすようになってしまう「燃えられない症候群」となる危険があり、次のような仕事ぶりとなりがちです。

1）何ごとにも期待しなくなる

現場での取組みも厚生労働省の通知1つで変わることを何度も経験すると、何ごとにも期待をしなくなるようになります。さらに、法人や事業所の管理職が**コトナカレ主義**だと反論することにも疲れてしまい、淡々と業務をこなすことが中心となります。

●燃えられない症候群と燃え尽き症候群●

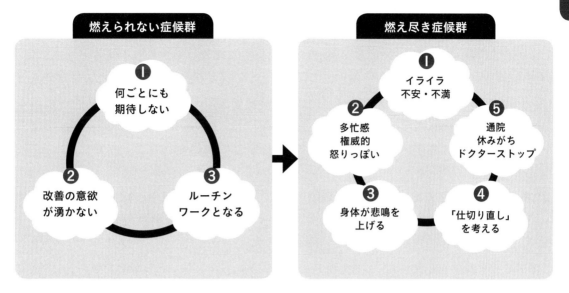

燃えられない症候群

❶ 何ごとにも期待しない

❷ 改善の意欲が湧かない

❸ ルーチンワークとなる

燃え尽き症候群

❶ イライラ不安・不満

❺ 通院休みがちドクターストップ

❷ 多忙感権威的怒りっぽい

❹ 「仕切り直し」を考える

❸ 身体が悲鳴を上げる

2）改善する意欲が湧かない

クライアントは常になんらかの困難さを抱えています。相談援助職はクライアントの自立（自律）支援をともに考えるパートナーであり、**人生の伴走者**ともいえます。

燃えられない症候群になるとクライアントへの支援の姿勢も「改善の発想」でなく、心身機能や暮らしの機能は現状維持もしくは低下しても**「仕方ない」というスタンス**になってしまいます。

3）ルーチンワークとなる

業務スタイルも決められたことを淡々とこなす「ルーチンワーク」となりがちです。ヒヤリハットのようなリスクの発見もあえて行うことをせずに**「見て見ぬふり」**が染みつき、問題は常に事後対応というような好ましくない習慣が身についてしまいます。

メンタルの危機❷ 〜燃え尽き症候群〜

燃えられない症候群が究極に進んだのが燃え尽き症候群、いわゆる**「バーン・アウト」**です。

燃え尽き症候群になりやすいタイプは「仕事が生きがい」という人が多く、自己肯定感や自己有能感が高いために、結果が思わしくないとデキない自分が許せずに「自分はダメだ」と自らを追いつめます。

また、自己有能感と貢献感が高い人ほど自分のことは二の次にしがちです。かなりつらい状態でも「私は大丈夫です」と周囲の心配を跳ねのけます。「すごい、頑張っているね」と評価されることに依存していることに気がつかないことが深刻です。

燃え尽き症候群は、概ね次のような段階を踏んで進行していきます。

1）イライラ・不安・不平不満

自分のなかの怒りや不安、悲しみ、さみしさなどを気取られることを恐れます。しかし、一方で自分へのいら立ちの矛先が同僚への怒りとなって向かうこともあります。

「自分だけが一生懸命頑張っている……」という不平不満は、周囲との人間関係をギクシャクしたものにします。

2）多忙感を周囲にアピールする、権威的になる、怒りっぽくなる

「忙しい」ことが「仕事熱心」という周囲へのアピールとなって現れます。忙しそうに振る舞うことで周囲と「自分は違う」という距離感をとろうとします。つまり「周囲との差別化」を無意識のうちに図るわけです。

やがて怒りっぽく、権威的な態度となって、周囲を萎縮させることにもつながります。

3）身体に症状があらわれる

ストレス過多がさらに進むと身体が悲鳴（不眠、下痢、胃痛、頭痛、肥満、痩せる、肩こりなど）を上げることになります。常時、睡眠薬が手放せなくなり、身体のバランスを壊すことになります。

4）転職、退職など「仕切り直し（リセット）」を考え始める

憧れて頑張ってきた仕事にも限界を感じて退職を考え始める、あるいは法人内の他の部署への異動を申し出る、まったく異なった業界に転職をするなど、「仕切り直し（リセット）」することばかり考え始めます。

5）今まで以上に働く➡心療内科に通院を始める➡うつ状態で休みがちになる

頑張ってきたからこそ「うまく休めない」「自分で頑張って乗り切るしかない」と思い込んでいる状態です。「これじゃダメだ」と自分を奮い立たせ、さらに頑張ってスケジュールをいっぱいにしたりします。ここまでくるとモチベーションではなく、一種の病的状態といえます。

心療内科に通院していることさえ、実は自己承認（ここまで頑張っている自分はすごい）だったりします。うつ状態となり、突然休みがちになり、ドクターストップがかかることになります。

長持ちするための秘訣が「モチベーションメソッド」

皆さんの仕事はクライアントの悩みや困り事をさまざまな手法で引き出し、自律を支援するだけでなく、社会資源につなげたりすることで解決をめざす仕事です。時には資源間のネットワーク作りの仕掛け人を担ったり、資源作りの黒子にもなれる魅力的な仕事です。

その一方で前述したようにリスクの高さとメンタルの危機から離職や心を病んでしまいかねない仕事でもあります。そうならずにケアマネ・福祉職として長く続けていくためにモチベーションメソッドを学びましょう。

ストレスや劣等感、怒りをも「動機づけ」のパワーに換えてくれるのがモチベーションメソッドです。モチベーションは精神論や根性論で上げるものではありません。心理学に裏打ちされた理論であり、クライアントの相

●21のモチベーションメソッド●

時間 貢献と感謝 アンガーパワー

自己
自己承認
自己肯定感 自己効力感

ポジショニング 親和動機 使命感

言葉 期待 憧れ 感動 興味関心 仕事

笑い 環境作り 価値観 劣等感 体験 フィジカル セルフ・コーチング キャリアデザイン

談援助にも活用できる技術です。

本書では、PART 3で21のモチベーションメソッドを解説します。たくさんの技法のなかから、自分に合ったものを見つけて活用

しましょう。クライアントのモチベーションを高めるために応用もできます。まずは、ひと通り試して、自分と相性のよいスキルを使い込んでいくことをオススメします。

COLUMN 燃え尽き症候群の典型パターン

ケアマネジャーになって9年目のSさん（48歳）。もともとは自由奔放な性格ですが、プロ意識が強く、仕事上は几帳面で頑張り屋。利用者（家族）からの信頼も厚く、台風襲来時には一人暮らしの利用者を自主的に回るほど。仲間や事業所からは「デキるケアマネ」とちょっと恐れられる存在でした。

監査準備のため管理者として遅くまで事務に追われる日々。声も荒くなり「どうして私ばかりが……」とストレスフル

に。睡眠不足のまま車を運転していると、心の緊張がプツリと切れるのがわかりました。そして、その夜はなかなか寝付けませんでした。

翌朝、しばらくベッドから起き上がれないSさん。ようやく事務所に行ってもパソコンの前で手が動きません。気持ちが落ち込み何も手につかないのです。

数日後、心療内科にかかると極度のうつ病と診断を受け、睡眠薬が手放せなくなりました。

2 「感情」から「心」を守る
―――「感情」に向き合い、「感情」を使いこなす

「多様な感情」と向き合う援助職

ケアマネ・福祉職の抱える「心のリスク」は相談援助の仕事の性質から不可避なのです。では、そうしたリスクを生み出す「私たちの感情」について考えていきましょう。

ケアマネ・福祉職はクライアントのさまざまな感情に向き合います。そして皆さん自身がクライアントとの相談面接やケアの場面、チームマネジメントの場面で多様な感情のコントロールを行っています。

つまりケアマネ・福祉職は「**感情を専門的に使いこなす専門職**」であることが望まれます。「**感情労働**」を提唱した「**管理される心**」の著者であるA.R.ホックシールド（社会学者）は「もっとも過酷な感情労働者は介護・看護従事者である」と指摘しましたが、私はケアマネ・福祉職がもっとも過酷だと考えています。

その理由は、多様な生きづらさを抱えたクライアントたちの問合せや要望、苦情などに正面から傾聴と共感という姿勢で向き合い援助を行うからです。

肉体労働や頭脳労働の疲れであれば睡眠や休息によって解消できるでしょう。ところが感情労働で心が疲れると、睡眠不足になったり、気分転換ができず、うつ気味になったりといった弊害が生じます。

クライアントの感情に向き合うことで相談援助職の「豊かな感情」がいつの間にか傷つき蝕まれていく可能性があるのです。

感情が生まれる「7つの要因」

感情には「生じる要因」があります。その要因は整理すると7つあります。

> ### 7つの要因
> ・感覚（知覚）　　・記憶　　・体験
> ・評価　・判断　・立場　　・欲求

これらがどのように感情を生む「きっかけ」になっているかを整理します。

①感覚（知覚）

感覚は「**身体感覚（知覚）**」と言い換えてもよいでしょう。私たちがよく使う「どのよ

●感情ってどうして湧いてくるの？●

うに感じるのか」は「感覚と感情」が複合した表現です。クライアントがどのような感情を抱いているのか、を知る手がかりになるのが「本人の感覚」なのです。

　感覚には5種類あります。感覚が過敏か鈍感（低下）なのかによって湧いてくる感情の種類も程度（レベル）は異なります。

5種類の感覚

- 視る（見える、明るい、暗い、にじむ、かすむ、まぶしい、見えないなど）
- 聴く（聴こえる、小さい、大きい、うるさい、聴こえないなど）
- 触れる（熱い、冷たい、ごつごつ、すべすべ、べとべと、つるつるなど）
- 嗅ぐ（くさい、におう、〇〇のようなにおいなど）
- 味わう（甘い、辛い、しぶい、塩っぽい、酸っぱい、苦い、旨いなど）

---

②記憶

　記憶とは「**思い出す行為**」です。記憶に刻まれている身体感覚（例：視覚、聴覚など）を思い出すことで、その時の感情が甦ることになります。

③体験

　体験は五感を目覚めさせ感情を呼び起こします。テーマパークのアトラクションならば、ワクワク感やヒヤヒヤ感を体感することができます。夏場の散らかった利用者の自宅なら相手のイライラ、みじめ、恥ずかしいという感情と向き合うことになります。

④評価

　評価とは「比べること、比べられること」です。評価による優劣、達成・未達成、順位づけがポジティブな感情を生むこともあれば、悔しさ・妬み・焦り・怒り・情けなさな

どのネガティブな感情も生みます。

⑤判断

判断とは決める行為を伴います。昼食のメニューなど大して影響がないことなら容易かもしれません。しかし家族や生活、仕事や人生にまつわる判断には大いなる迷いと葛藤があり、怖い、つらい、不安、せつない、後悔などのネガティブな感情が湧いてきます。

⑥立場

私たちは社会生活のなかで「**いくつもの顔（立場）**」を持っています。どの顔もその人自身です。家族のなかでのポジションや影響力が優位にあれば、満足感や優越感を感じることもあれば、社会的立場が低い（弱い）ことで卑屈な感情を抱くこともあるでしょう。

⑦欲求

私たち人間には**生理的欲求**と**心理的欲求**の2つがあります。

・生理的欲求

睡眠欲・食欲・排泄欲・性欲などの生理的欲求が満たされると心も満たされ喜びの感情に溢れます。一方、満たされないと身体的なダメージが生じて、不安や怒りなどの感情が湧きあがることになります。

・心理的欲求

安全欲求、所属欲求、承認欲求、達成欲求、成功欲求、自己実現欲求などがあります。

心理的欲求が満たされると精神的にも安定しポジティブな感情で過ごすことができま す。一方、満たされないと不安・孤独・戸惑い・みじめ・嫉妬などのネガティブな感情が本人をじわじわと苦しめます。

感情には「5つの基本感情」がある

7つの要因を押さえたら、次はそれによって引き起こされる「感情」について理解しましょう。

感情とは「**ある出来事や物事に対して起こる心理的反応（気持ち、気分）**」であり、生理学的には身体感覚に関連した無意識な感情（emotion）と意識的な感情（feeling）に分類されます。

感情の種類は基本5種類とするものから48種類あると説く研究者までいます。

```
 5つの基本感情
・喜び(enjoyment)    ・恐れ(fear)
・嫌い(disgust)      ・怒り(anger)
・悲しみ(sadness)
```

これらの感情に「愛、憎、欲」を加えて基本8種類と考える場合もあります。

5種類から48種類まで分類できるとされる人間の感情。本書では大きく2種類（ポジティブな感情とネガティブな感情）に分類します。

＜ポジティブな感情＞

ポジティブな感情とは本人にとって「**心地よい感情**」といっていいでしょう。ポジティブな感情は何かを始める時のきっかけになったり、落ち込んだ気持ちを前向きにさせたり、さらにリラックスさせたりする効果やス

●クライアントの多様な感情●

ポジティブな感情

楽しい	嬉しい	おもしろい
おかしい	ワクワクする	すがすがしい
あたたかい	かわいい	なつかしい
愛おしい	心地いい	ありがたい

など

クライアント

ネガティブな感情

悲しい	嫌い	悔しい	みじめ	つらい
腹立たしい	うらめしい	うらやましい	情けない	怖い
恐ろしい	苦々しい	痛々しい	悩ましい	苦しい
寂しい	恥ずかしい	せつない	つまらない	妬ましい
うんざり	忌まわしい	うとましい	かわいそう	うっとうしい

トレスからの回復機能があります。

またポジティブな感情が周囲の人に伝わると人間関係も前向きなものになります。具体的には次のような感情です。

ポジティブな感情（例）

- ・楽しい　・嬉しい　・おもしろい
- ・おかしい　　・ワクワクする
- ・すがすがしい　・あたたかい
- ・ありがたい　・好き　・かわいい
- ・なつかしい　・愛おしい　　など

＜ネガティブな感情＞

本人にとって心地がよくない感情、気持ち悪い感情、それがネガティブな感情です。

ネガティブな感情は心理面で自己否定や自己嫌悪、自罰的な気分を伴い、それに過度な

ストレスがかかると自傷行為を誘発させることがあります。

本人が「なぜ自分がこんな気分にさせられなくてはならないんだ」と被害者意識を醸成し、その気分を抑制できないと、ネガティブな感情が「**他者への敵意**」となってしまい他罰行為に転換することになるのです。

ネガティブな感情には具体的に次のような感情があります。

ネガティブな感情（例）

- ・悲しい　・悔しい　・みじめ
- ・つらい　・腹立たしい　・怖い
- ・うらめしい　・情けない　・苦しい
- ・恐ろしい　・苦々しい　・寂しい
- ・痛々しい　・悩ましい　など

しかし、ネガティブな感情が悪いわけではありません。ネガティブな感情を克服するために「でも、頑張るぞ」「こんなことは許せない」とモチベーションを上げ、ポジティブな行動に転換することもモチベーションメソッドの1つだからです（P94参照）。

相談援助職として自分の感情に向き合うことで、ポジティブな感情を活用したり、ネガティブな感情から力を引き出すことが大切です。そして、クライアントの感情に向き合う時にも、この考え方は応用できます。

感情は「感情行動」を引き起こす

ケアマネ・福祉職としてクライアントの心理的内面で起こっている感情の起伏を深く理解するために、感情行動を「読み解く力」が求められます。

ではケアマネ・福祉職として感情を十分に把握するためにはどうしたらよいでしょう。

傾聴するだけでは限界があります。なぜなら問いかけて本人（家族）が言語ですべてを表出してくれるわけではないからです。

そこで着目すべきなのが「非言語的コミュニケーション」です。それを本書では「感情行動」と定義します。ここでのポイントは感情行動は直截的な表現（例：怒る＝険しい表情）となるわけではない、ということです。

「感情行動」を読み解く

感情行動について参考となるのが演技の専門書です。「演技」は登場人物のさまざまな感情を俳優（人間）の話しぶりや表情、身体動作や態度などを通して表現する技術です。

演技論では感情行動は「**感情をそのままに行動に表す場合**」と「**感情とは真逆の行動に表す場合**」の2つがあるとします。

感情が2つに大別されるように、感情行動にもポジティブとネガティブがあります。

ポジティブな感情行動

・笑う	・微笑む	・拍手する
・手を振る	・握手する	・触れる
・なでる	・照れる	・肩を組む
・はしゃぐ	・うれし泣きする	
・寄り添う	・抱きしめる	
・頷く	・手を合わせる	
・褒める	・お辞儀をする	
・キスする	・口笛をふく　など	

ネガティブな感情行動

・泣く	・わめく	・叫ぶ
・罵る	・怒る	・なじる
・怒鳴る	・唸る	・騒ぐ
・すごむ	・いじける	・びびる
・焦る	・しょげる	・あたる
・うなだれる	・とぼける	
・沈み込む	・凄む	・嫌がる
・ムキになる	・顔をしかめる	
・恥ずかしがる	・ため息をつく	
・見下す	・咳払いする　など	

本人（家族）は、その時の感情のままにこれらの感情行動を表出するわけではないということに着目しなければいけません。人は悲

●感情と感情行動の関係●

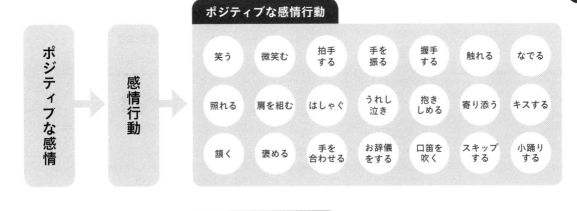

| ポジティブな感情 | 感情行動 | **ポジティブな感情行動** |

笑う	微笑む	拍手する	手を振る	握手する	触れる	なでる
照れる	肩を組む	はしゃぐ	うれし泣き	抱きしめる	寄り添う	キスする
頷く	褒める	手を合わせる	お辞儀をする	口笛を吹く	スキップする	小踊りする

| ネガティブな感情 | 感情行動 | **ネガティブな感情行動** |

泣く	わめく	叫ぶ	罵る	怒る	なじる	怒鳴る
唸る	騒ぐ	すごむ	いじける	びびる	焦る	嫌がる
しょげる	あたる	うなだれる	とぼける	沈み込む	凄む	恥ずかしがる

しいから泣くこともありますが、周囲を気づかってほほ笑み、ごまかすことがあります。

また、フツフツと煮えたぎるような憎しみの感情で長男（実は亡き夫と勘違い）を罵る場面に出会うこともあるでしょう。

本人（家族）の感情と感情行動を読み解きながら支援を行うケアマネジャーの心は計り知れないストレスとプレッシャーにさらされていることを自覚しておくことは大切です。

「自分の感情」に向き合い、心を守る

ケアマネ・福祉職はクライアントの感情と感情行動を受け止め、分析的に読み解きます。

そして、支援手法として自らの感情と感情行動を使いこなします。そのためには、自らの価値観や生活信条、体力・体調、感情と感情行動を自己覚知しておくことがとても重要です。

また、多様な問題や悩みを抱えるクライアントの相談援助を行うためには、あなたの精神面を強くするための「モチベーションアップ」の技法を駆使することが必要なのです。折れない心を作るためには、モチベーションメソッドの力を借りることが今注目を集めています。

3 「そもそもの私」を自己覚知する
—— ケアマネ・福祉職の「私」は何者か？

ケアマネ・福祉職の「あなたの質」を考える

ケアマネ・福祉職の皆さんは自分自身を道具としてクライアントに向き合います。あなたは援助技術を活用して、さまざまな状態像のクライアントからじかにアセスメントし情報収集を行います。そして自立（自律）支援に向けて、プランニングを行い、多様な資源をコーディネートします。

まさにケアマネ・福祉職としての**あなたの質**が援助の質に大きく影響します。

あなたがクライアントに「ある印象」を抱いたり、「人間的な評価」をしても、それは「あなただけ」のものなのです。

F.P. バイスティックは著書「ケースワークの原則」のなかで「ケースワークの7原則」を説きました。その4番目が「非審判的態度の原則：援助者の価値観でクライアントを審判しない」ことです。

バイスティックがこれを第4の原則に掲げたのは、相談援助職が無意識のうちに**自分基準**でクライアントを評価する可能性（リスク）があるからです。

だからこそ、あなたは「ケアマネ・福祉職である私」を客観的に把握しておくことが専門職として不可欠と考えます。

「私」を自己覚知するための4つの方法

あなたが「私」を自己覚知するにはどのような方法があるのでしょうか？　ケアマネジャーの間で有名な**スーパービジョンでなければ自己覚知できないわけではありません。**例えば、以下のような手法があります。

①**自己診断**：性格や価値観などの傾向、職業や運転などの適性を自己診断シートや適性テストなどを活用して見える化できる。人生の満足度を測るには「人生満足度尺度テスト」がある（P174参照）。

②**体力測定**：体力測定には「全身持久力、筋力・筋持久力、柔軟性」などがあり、身体面だけでなく心理面にも深く関連する。体力測定で現在の体力のバランス状態を把握できる。

●４つの自己覚知の手法●

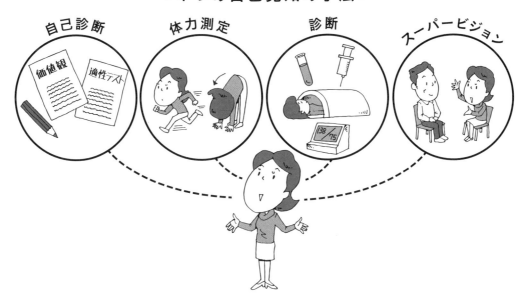

自己診断　体力測定　診断　スーパービジョン

価値観　適性テスト

③**医師による診断**：触診、問診、血液検査、心電図、尿・便検査、MRI検査、CT検査、ストレス診断などの検査で、現在の心身の健康レベルを判定し、疾患や障害の有無とそれらが日常生活にどのように影響しているかを知ることができる。

④**スーパービジョン**：スーパービジョンは対人援助職支援の手法。スーパーバイザーはスーパーバイジーの成長を目的に、**業務（ここがポイント！）**における**「支持、教育、管理、評価」**を行う。

　このプロセスにおいて「自己覚知」は重要な要素として位置づけられる。

　「１対１」が基本スタイルだが、集団で行うグループスーパービジョン、同じ専門職同士で行うピア・スーパービジョン、同行訪問などで行うライブ・スーパービジョンなどがある。

　自己診断、体力測定、医師による診断は**「客観的な評価」**です。スーパービジョンは対人援助業務における自分の課題を知る（自己評価、気づき）ことに重点が置かれます。

　いずれも**「そもそもの私」**を知ることではありません。「そもそもの私」をもっとも知っているのは「あなた」です。

　現在のあなたを知る（自己覚知する）ために、自らの性格や価値観だけではなく、生活歴、家族歴、体力・体調、生活環境や職場環境などを客観的に評価できるようになりましょう。

「そもそもの私」を自己覚知する

　あなたのなかの「そもそもの私」を５つの領域で多面的に把握しておきましょう。「そもそもの私」が社会経験や仕事上の経験を通して「○○をきっかけに△△となった私」を自己覚知することも大切な気づきです。

①性差

私たちには男女の「性差」があります。ケアマネジャーの7〜8割が女性で男性は2〜3割しかいません。無意識のうちに女性性に偏った視点になっていませんか？

体格や体力・持久力などの男女差だけでなく相談援助の視点としても押さえておきたい特徴的な「**意識の性差**」があります。なお、下記にまとめた「性差」はあくまでもこのような男女の性差の「傾向」があるということです。

あなた自身にどのような傾向が思いあたるかを自問自答してみましょう。

性差

- ・記憶力　男性:忘れっぽい
　　　　　　女性:忘れない
　　　　　　　　　（覚えている）

- ・対人意識　男性:上下の関係
　　　　　　　女性:フラットな関係

- ・集団原理　男性:人に集まる
　　　　　　　女性:みんなで群れる

- ・行動原理　男性:建前が大切
　　　　　　　女性:本音が大切

- ・会話力　男性:低い（黙る）
　　　　　　女性:高い（喋る）

- ・人間関係　男性:面子（メンツ）重視
　　　　　　　女性:プライド（誇り）重視

- ・心配り　男性:鈍感
　　　　　　女性:敏感

②生育歴

どのような環境に生まれ、どのような人にどのように愛され、どのように育ってきたの

かは、あなたの人生に少なからず影響しています。物事の感じ方や考え方、人間関係の作り方と距離感、困難にぶつかった時の対応の仕方、人とのコミュニケーションの取り方などに影響しています。

「なぜ自分はいつもそのことで悩んでしまうのか？」ということを成育歴の視点から自己覚知できるだけで、あなたの悩みの問題解決のヒントになるでしょう。

生育歴を「良い・悪い」「裕福・貧しい」などの基準で比較するのでなく、「**私の生育歴が私の人格形成にどのように影響しているか**」の基準で自己覚知してみましょう。

ただし、その後の人生経験などによって生育歴の「受け止め方（解釈）」と「評価」は変わることはあります。

資料編の「人生曲線シート（P171）」を使って人生を振り返ってみましょう。

＜生育歴の項目＞

- ・父親、母親、祖母、祖父との関係と影響
- ・兄弟姉妹の有無と人間関係への影響
- ・経済状況と家への帰属意識のレベル
- ・学歴（中卒、高卒、専門学校卒、大学卒など）への受け止め　など

③性格

性格とは「**その人の特徴的な受け止め方・考え方および態度・行動**」です。幼少期、少年少女期、思春期の頃の性格と、ある程度の社会性がついてくる20代、結婚などや仕事を通じた社会とのつきあいが広がる30〜40代とでは生まれつきの性格だけでなく、場面ごとに使い分けもできるようになります。

●「そもそもの私」を自己覚知する5つの手法●

生活環境

私の性格って

私の生育歴って

私の考え方の癖って

私の意識の性差って

私の仕事力って

仕事環境

そもそもの私

さまざまな性格

・活発	・楽天的	・楽しい
・にぎやか	・活動的	・明るい
・てきぱき	・器用	・ひょうきん
・お調子者	・せっかち	・優しい
・かわいい	・おちゃめ	・地味
・穏やか	・のんびり	・不器用
・おとなしい	・暗い	・謙虚
・控え目	・几帳面	・繊細
・頑固	・わがまま	・お節介
・臆病	・サバサバ	・さっぱり
・大らか	・大ざっぱ	など

これらは一般的にいわれる性格の種類です。自らがどのような性格なのかを知っておくことは大切です。ただし、プライベートではおとなしい人も仕事では「活発な私、

自信家な私」で仕事をしている人もいます。

自分がどのような性格かわからない時は、周囲の人に「私って、どのような性格に見えますか？」と質問してみましょう。それもあなたの「もう1つの性格」なのです。

④考え方（感じ方）の癖（傾向）

性格とちょっと似ている「物事の考え方・感じ方」にも個性があります。特に問題が起こった時に、その対応に個人差が表れます。

前向きな考え方を「**ポジティブ発想**」といいます。つらい・不幸と思われる状況になっても「変えることができる」「これはチャンスだ」と前向きに考え方を変換できる人です。根拠や理由が示せなくても「うまくいく」と自信を秘めた人です。

一方、どのような取組みに対しても、はじめに「うまくいかないかもしれない」「そう簡単ではない」と、「ネガティブ発想」で

考える人がいます。自信のなさややる気がないことを慎重派のように見せる人もいます。失敗したら「ほら、だから言ったんだ」と自分を正当化する人もいます。

　周囲の反応をいつも気にする人・しない人なのか、損得を考える人・考えない人なのか、というのも１つの考え方の傾向といえます。

　このような癖（傾向）も仕事や人生における成功体験や達成感などの経験を通して意識的に変えることはできます。

⑤仕事力

　ケアマネジャーのあなたは「自分の仕事力」をどのように評価していますか。もしかするとモチベーションが低くなりがちなのは仕事力が改善・向上しないままにきているからではないですか？

　仕事力を向上させる取組みを行わなければ、仕事の質や正確さ、効率性などが向上することはありません。

　仕事の結果（成果）を頑張り度で判断してはいけません。仕事が遅れがち、残業が常態化しているなら、効率化の視点でプロセス（段取り）に着目しなければ改善は見込めないからです。

　現在のあなたの仕事力レベルを把握し、改善・向上に取り組むためのモチベーションをアップさせることで、あなたが憧れる相談援助職をめざすことが可能となります。

１）相談援助力

　専門的な制度や医療などの知識はもちろん

のこと、バイスティックの原則などを活用した相談援助技術です。

・傾聴の技術　・質問の技術　・共感の技術
・アセスメント技術　　・プランニング技術
・コミュニケーション技術　など

２）マネジメント力

　チームを動かす手法がマネジメントです。チームの目的（利用者〈家族〉支援）とチーム力（多職種連携支援）の発揮、地域包括ケアシステムと地域社会への貢献をめざします。求められるのはチームの力を発揮させる３つの技術です。

・ファシリテーション技術
・プレゼンテーション技術
・モチベーション技術

３）実務力

　相談援助の仕事では業務を処理する実務力が求められます。書類や記録の処理、報告・連絡など膨大な量があります。相談援助業務は高いレベルにあっても実務力が反比例していれば実務が停滞がちになります。

・文章作成業務　・調整業務　・会議準備など

４）セルフマネジメント力（自己管理）

　感情労働である相談援助には、自らをマネジメントすることも求められます。マネジメントの目的の１つは、相談援助の現場において自らを「安定した状態」に維持できることです。もう１つはそのために身体面、精神面、仕事面で改善を図るために行います。

　セルフマネジメントは相談援助職に極めて

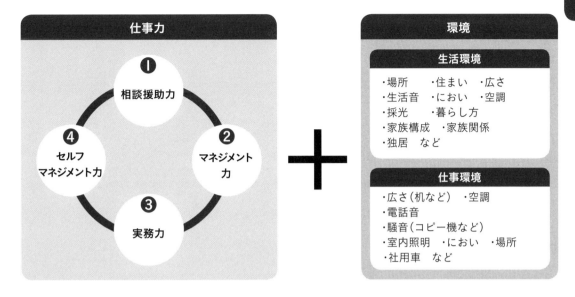

重要な仕事力なのです。

自己覚知につながる
その他のポイント

①生活環境

　私たちは人生の節目（例：就職、転職、引越し、結婚、離婚、入院など）で生活環境が大きく変わり、身体と心がなじむまでに一定の時間が必要です。

　就職や転職、結婚、離婚の節目では生活リズム（起床、食事、帰宅、入浴、就寝）が大幅に変わります。それに引越しを伴えば居住空間や地域環境がガラリと変わります。生活環境がストレスやモチベーションにどのように影響しているのかを考えましょう。

＜生活環境＞

・場所　　・住まい　・広さ　・生活音
・におい　・空調　　・採光　・暮らし方
・家族構成　・家族関係　・独居　など

②仕事環境（職場環境）

　相談援助職にとって職場環境はメンタルヘルスの大切な要因であり、ストレスやモチベーションに大きく影響します。

　職場環境は実務上の効率性や生産性だけでなく、働く人にとっての「アメニティ」（快適性、居心地よさ）の視点で着目しましょう。

＜仕事環境＞

・広さ（机など）　　　・空調　・電話音
・騒音（コピー機など）　　　・室内照明
・におい　・場所　・社用車　など

　自分の感情に向き合うためにも、ここで述べてきたようなことを整理し、自分にとって何がストレスやモチベーションダウンの要因となっているかを自覚しておきましょう。自己覚知と一言で言っても、さまざまな内容があることを押さえておきましょう。

4 ストレスに向き合う
—— ポジティブなストレスケアで
「心の耐性」のアップをめざす

ストレスとは何か

現代はストレス社会です。ストレスと似た言葉にフラストレーションがあります。

フラストレーションとは「**欲求が満たされないイライラした心理的状態**」のことです。

・ダイエット中なので炭水化物を控える
・土日出勤で趣味のジャズダンスができない

など、何か行動を起こしたいのにある障害（壁）のために起こせないイライラ感のことです。

ではストレスとはなんでしょうか？

ストレスとは「**外的刺激のストレッサー（ストレス要因）が要因となって個人に影響を与えることの総称**」です。ストレス反応とは「影響を受けた結果起きる精神的・身体的なさまざまな反応のこと」です。

ストレッサーがあっても、身体状況・精神状態が再び元の形に戻るならストレスにはなりません。しかしストレッサーが強すぎる、長時間続く、繰り返されるとストレスが常態化することになります。ストレスの受け止め方（感じ方）は個人によって異なります。ストレスチェックテストなどで自分のストレス傾向を知ることは重要です。

ストレッサーとは何か

ストレッサーとはストレスの要因になるものです。大きく「精神的、身体的（生物的）、物理的、化学的なもの」に分類されます。

・**精神的（社会的）ストレッサー**：不安、孤独、叱責、疑念、恐れ、緊張、失望、不和、解雇・失業、配偶者の死、倒産、トラブル、犯罪（法律違反）など

・**身体的（生物的）ストレッサー**：食欲不振、栄養不足、睡眠不足など

・**物理的ストレッサー**：温度、湿度、天候、騒音、におい、採光、混雑など

・**化学的ストレッサー**：異臭・悪臭、アスベスト、ダイオキシン、スモッグなど

これらの4つの領域以外にケアマネジャーならではのストレッサーがあります。

・**相談援助（支援）ストレッサー**：関係不安、関係不全、不信感、疑念・疑惑、家族不和、暴言・暴力、虐待、コンプライアンス違反、訪問環境（温度、湿度、臭気、不

●ストレッサーとストレスの関係●

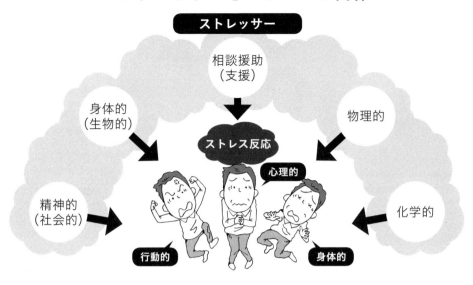

潔など）

さらに職場の上司や同僚との人間関係、昇格・抜擢、左遷・降格、成果主義の強要、所属法人へのサービス誘導、曖昧な指示や立場への不安などもあります。

ストレッサーを整理・把握することでストレスの改善・緩和を図ることは可能ですが、つねにストレスは存在しています。ストレッサーの受け止め方や意味づけを変え、モチベーションアップのきっかけにできる技術と習慣を身につけることが必要です。

ストレス反応とは何か

ではストレス反応とはなんでしょう？　これは、長時間の間、ストレッサーの刺激を受けたために生じる「**生体反応**」であり、それは順応するための「**適応反応**」とも考えられています。ストレス反応はストレッサーの種類に関係なく心身に症状が及びます。

ストレス反応は「個人差」があり、「心理的、行動的、身体的反応」として表れます。あなたにはどのようなストレス反応が起こるでしょうか？

・**心理的反応**：不安感、落ち込み、怒り、イライラ、恐怖感、緊張感、自己否定、自己嫌悪、無気力、孤独感、疎外感など

・**行動的反応**：集中力の低下、判断力と決断力の低下、喫煙・飲酒の増加、怒りの爆発、破壊的行為、泣く・叫ぶ、拒食・過食など

・**身体的反応**：疲労感、頭痛、発熱、だるさ、のぼせ、食欲減退、動悸、めまい、しびれ、不眠、吐き気、悪寒、震えなど

個人によって「**ストレス耐性**」が異なり、ストレス反応の表れ方にも個人差があります。

ストレッサー同士が複合的に反応すると、より重いストレス反応（うつ病、自殺願望、薬物依存など）となることもあります。

ストレス過多になると
どうなるか

　ストレッサーの改善や緩和、生活習慣の改善やリラクゼーションなどの対応がとれなかったり、十分に効果的でないと、ストレス状態は続くことになります。やがて日常生活に支障が生まれたり病気に罹患するなどの「ストレス障害」を生み出すことになります。

・**適応障害**：ストレスのために普通の仕事や通勤、生活に不適応となる。不登校、出社拒否、ひきこもりなど

・**身体表現性障害（心気症）**：ストレスが関係している身体面の症状（頭・腹部・腰・胸などの痛み、めまい、立ち眩み、耳鳴り、幻聴など）、不眠

・**精神的障害**：うつ病や神経症、対人恐怖症、強迫性障害、摂食障害（拒食症）など

・**燃え尽き症候群（バーンアウト）**：仕事や生き方に一生懸命に献身的に打ち込んだが、期待した結果が得られないことで生まれる極度の徒労感や不全感、意欲の枯渇状態を主とする症候群

・**外傷後ストレス障害（PTSD）**：通常の人が衝撃的な体験に遭遇したことで生じた「心の傷」（トラウマ）が原因として起こる。症状には、持続的な恐怖感、無力感、精神的不安定、不眠による過覚醒症状、記憶障害、身体の不調など

　興味や関心がなくなり、何もやりたくない状態となります。注意力・集中力・判断力が低下し、イライラ感や怒りの感情で対人関係にトラブルが生まれることもあります。

ポジティブなストレスケアで
「心の耐性」を強化する

　このようなストレスも適切なケアを行うことでストレス過多を防げるだけでなく、ストレスそのものをエネルギー源に使えたり、モチベーションアップのきっかけにできます。

　代表的なストレスケアに「リラクゼーション」があります。筋肉を緩める筋弛緩法、呼吸を整えるブレストレーニング、自律神経を穏やかにする自律訓練法などがあります。気持ちを切り換える気晴らし法（回避的ストレス対処行動）も効果的です。

　リラクゼーションは効果的ですが、基本は「受け身」です。本書でストレスを積極的に解決する4つの「ポジティブなストレスケア」の手法を身につけましょう。

①自分キャリアカウンセリング

　ストレッサーとして大きな影響を及ぼすのが「仕事」です。個人の希望と仕事内容のマッチングが完璧であることは稀です。希望する専門資格を取得しても、「職種・業務・職場・人間関係」と「クライアント（利用者、家族）」がすべて希望通りとなることはありません。

　「働くこと」と「あなたの生き方」にズレが生まれる時、そこにストレスが生まれることになります。そうした場合、あえて「働くこと」に向き合うことで悩みを整理し、ストレスの軽減をめざします。

　キャリアカウンセリングとは、カウンセラーの相談援助を受けて、自分の人生にとって望ましい職業選択やキャリア開発を支援し

●４つのポジティブなストレスケア●

自分キャリア
カウンセリング

アンガー
マネジメント

援助希求
アクション

上手に悩む

てもらうことです。ここでは、自分へのキャリアカウンセリングを「**内省**」という手法を使って行っていきます。やり方としては、次の５つの問いかけを行います。

＜やってみよう＞

（１）私はどうして対人援助職に　なろうと思ったのか

目的を見失った時、モチベーションは湧いてきません。まず一旦立ち止まって初心に戻って考えることは大切です。

（２）私はどのような対人援助職に　成長したいと思っているのか

あなたはどのような対人援助職をめざしていましたか？　初心に立ち戻り、そもそもの思いや今の環境で実現できるだろうか、などを見つめることであなたのなかの「**真の願い**」に気づくことになります。

（３）対人援助職としての“私の原則”とは　なんだろうか

あなたの人生や専門職のあなたにとって譲れない「一線、こだわり、守るもの、貫くもの」は何ですか？　実はその原則があなたに人生の転機や転職の動機づけをもたらす一方でストレスの要因にもなっていませんか。

例えば、自分史のような文章を書いて「自分の成長ドラマ」を再認識することはストレスケアとしてもとても効果的です。次の質問を自問自答してみましょう。

・仕事でやりがいを感じていたのはいつだったか？

・仕事で嬉しいと感じたのはいつだったか？

・仕事を楽しいと思ったのはいつだったか？どういうきっかけだったか？

・仕事で自分を活かせていると思ったのはいつだったか？

②アンガーマネジメント

　ストレスとなる感情の最たるものが「怒り」です。怒りが行動となったのが「怒る」です。怒りの感情は表情と態度と声を不機嫌にさせますから伝染力が強く、その場の空気を一変させます。

　一次感情（不安、嫌だ、つらいなど）をうまく伝えられないために怒りという第二次感情を使って表現しているともいえます。

　怒りを否定したり抑制ばかりしていては、それがさらにフラストレーションとなって心を追いつめることになります。

　そこで、有効なスキルがアンガーマネジメントです（PART 3でモチベーションメソッドとしても解説）。安藤俊介氏は著書のなかでアンガーマネジメントを「**怒りの感情と上手に付き合い、振り回されないようコントロールする技術**」と定義しています。

怒りの感情の特徴
- 強度が高い
- 持続性が高い
- 頻度が高い
- 攻撃性がある

　特に頻度と攻撃性に要注意です。怒りをちゃんとケアしないと、怒る回数が相乗的に増え、攻撃性が他人やモノ、さらには自分に向かうことになるからです。

　怒りをコントロールするには３つの方法（思考、衝動、行動）があり、これらを活用した９つの実践的テクニックを紹介します。

＜思考をコントロール＞

１）自分が信じる「べき」を書き出しておく

　あなたが「怒る」のはあなたが信じる「〜するべき」が裏切られた時です。挨拶をしたら返すべき、年上には敬語で話すべき、といった細かいものから、コーヒーはブラックに限る、などの日常生活習慣で裏切られるとカチンとくる「べき」をノートに書き出してみることで自分を客観視できます。

２）怒りの境界線を知っておく

　自分のなかに怒りの境界線を作っておくことで怒りの原因を客観視する意識が働き、ムダに怒らずにすみます。
- 許せるゾーン
- まあ許せるゾーン
- 許せないゾーン

　境界線を広げる・安定させるだけでなく、怒りの境界線を周囲の人にも周知しておくことで人間関係も改善されることもあり、効果的な方法といえます。

３）「怒りのトリガー（引き金）」を見つける

　どのようなこと（**怒りのトリガー**）に怒りが湧いてくるのか、を整理すると対処の仕方も見えてきます。腹が立つきっかけには「言葉づかい、態度、声質、行為、仕草、表情」などがあります。自分が「何に怒りやすいか」を整理しておきましょう。

＜衝動をコントロール＞

１）怒りの感情は「６秒待つ」ことで理性的になれる

　怒りの感情の継続時間は「６秒間」です。

●アンガーマネジメントの９つのテクニック●

アンガーマネジメント

事前 思考をコントロール	衝動をコントロール	事後 行動をコントロール
・「べき」を知る ・怒りの境界線 ・怒りのトリガー	・6秒待つ ・怒りの温度計 ・魔法の言葉 ・最良の選択 ・ブレイクタイム	・怒りをアウトプット 例）「怒りのノート」に 文字化する

その場で衝動的に反応するより、**どうやって 6秒間を待てる**か、を考えましょう。

2）「怒りの温度計」で自分の怒りのレベルを見える化する

0を穏やかな状態、10は人生最大の怒りとして、今感じた怒りは「どのレベルの怒りか」、を点数化します。これだけで6秒間を待つことができます。

3）怒りを抑える「魔法の言葉」を口ずさむ

・どうってこない　・大したことはない
・そういうこともある　・なんとかなる

6秒間に口ずさむ以外に、首を回す、深呼吸する、といった所作を取り入れましょう。

4）自問自答！　「自分や周囲にとって最良の選択」を問いかける

怒りの行動は常に衝動性を伴っています。

公共のマナー違反に正義感から怒りを爆発させることが正しい選択とは限りません。自分と周囲にとって最良の選択とは何か、自分に向けて問いかけてから行動しましょう。

5）ブレイクタイム（タイムアウト）をとる

怒りがヒートアップして抑えられない時は**「その場から離れる（距離をとる）」**ことも適切な行動といえます。ただし無言・捨て台詞・舌打ちをして立ち去ると新たな争い事の種にもなりかねないので控えましょう。

＜行動をコントロール＞

1）怒りをアウトプットする

アスリートはトレーニングの後に練習ノートをつけて自分を客観視しています。同じように「**怒りのノート**」にあなたの怒りを言語化する、イラスト化するなどアウトプットしましょう。この作業を通じて、あなたは自分の怒りを客観視できるようになります。

③援助希求アクション

　ストレスで潰れてしまう人のパターンの1つに「1人で抱えこんでしまう傾向」があります。困っているのに誰にも相談せずに、自分の力でなんとか解決しようと試みます。相談しないのは「どうせわかってもらえない」と周囲のサポートを否定したり、責任感が強すぎて「自分でやるしかない」とひとり合点するからです。

　助けを求めることは"弱み"を見せることではありません。自分の能力でできそうにないケースを相談するのも責任能力の1つなのです。「手伝ってほしい」「力を貸してほしい」と誰かに言えるのを**援助希求行動**（アクション）と呼び、そのような能力を**援助希求能力**と呼びます。

1）サポーター・仲間を作る

　相談援助の仕事だけでなくプライベートでも相談できる人（サポーター）を作っておくことが大切です。

2）メンターを作る

　メンターとは、仕事上あるいは人生の指導者のことです。主に仕事や組織などにかかわる悩みを解消して後輩の成長を促していく存在です。そういう制度がある職場ならば自動的にメンターを作れますが、そうでない場合は、自分自身の目標となる師を自分で探し、お願いしましょう。

　そして、メンターから折に触れて適切な助言をもらうことも、ストレスで潰れない1つの手段です。

④上手に悩む

　ストレスケアは「気持ちを落ち着かせ、穏やかになる」ことが一般的な目的です。しかし問題（原因）に向き合い改善・解決に取り組んでいるわけではないので、再びあなたを悩ませることになります。だったらいっそのこと、悩み方を変えることです。そのことで新たなストレス耐性をつけることにもつながり、上手に悩む力を身につけることにもなるでしょう。

1）下手な悩み方から卒業する

　ストレスの矛先はとかく自分自身に向かいがちです。

　「自分が悪いのでは？」「できないのは自分のせいではないか？」とむやみに自分を責める、いつも結論を先送りにして堂々巡りする、不確かな情報のまま狭い視野で悩むなど、これらは下手な悩み方です。

2）上手な悩み方で肯定的に自問自答する

　上手に悩むためには、悩む時間を確保し、ストレスの原因の改善・解決に向けた「開かれた質問」で肯定的に自問自答しましょう。その際、アウトプットすることが肝心です。手元にノートと筆記用具を用意して、声に出して答えたり、ノートに書き出すと悩みを客観視できるので、次第に整理されていきます。

- 目的：私が自分に望む行動は？
- 期待：周囲が私に望む行動は？
- 期待：私が周囲に望む行動は？
- 願い：3年後、私はどうなっていたいか？

●残念ながら、ストレスはゼロにならない●

21のモチベーションメソッド

イライラ・怒り

不安

悩み

悲しみ

疲れ

不全感

・目標：いつまでにどこまでやるのか？
・資源：協力してもらえる人・モノ・時間は？
・ケア：新たなストレスの対処方法は？
・成果：○○を成し遂げたらどのような成果が期待できるだろう？

　上手に悩む場合でもたくさんのエネルギーが必要です。まずは、十分な睡眠をとって身体の疲労を抜くことが重要です。

ストレスは「ゼロ」にならない

　これらの4つのポジティブなストレスケアを行ってもストレスがゼロになるわけではありません。また、ストレスケアの効果がすぐに表れるとは限りません。ようやく効果が表れて仕事上のストレスがなくなっても、人身事故や停電で電車が1時間止まったり、自動車を運転していてひどい渋滞に巻き込まれたり、何かしらのトラブルに巻き込まれたりしたら、あなたの精神状態はどうでしょうか。

　せっかくなくなったストレスなのに、あなたの心に「新しいストレス」が生まれることになります。

　ケアマネ・福祉職はイライラや怒り、憂鬱感を抱えたまま仕事に向き合わなくてはいけないのが現実です。

　では、そのストレスを理由に仕事の手を抜くことはできるでしょうか？　利用者（家族）に会う時に仏頂面で傾聴したりアセスメントできるでしょうか。

　それは「No」です。

　仕事ではそんな状態であっても、自分の心を持ち上げ、集中力をアップさせなければいけない場面があります。その時に活用できるのがモチベーションアップの技法なのです。

　まずは、続くPART 2でモチベーションマネジメントの基本を解説し、その次のPART 3でモチベーションメソッドについて解説していきます。

COLUMN　マインドフルネスで心をホッとさせる

　今、効果的なメンタルトレーニングとして人気なのが瞑想を基本にした「マインドフルネス」です。呼吸法によって「今に集中し、心（精神）を整えて、客観的に現実を認識する手法」で、遡ると仏教的瞑想（主に禅宗）に行きつきます。

　なぜ今、マインドフルネスなのでしょうか？

　仏教では、私たちの感情や思考は仕事や人間関係で常にせわしなく動き回り、脳（心）を暴走させ、ネガティブな感情や情動である煩悩（無知、傲り〈おごり〉、嫉妬、愛着、むさぼり、怒り）を生み出していると考え、その大元は「自分への執着」から起こっているとします。

　仏教では、私たちのストレスは自分の思いや気持ち、考えや望みが実現できないのが原因ではなく、無反省・無秩序に

それらにとらわれている（従っている）からと考えます。瞑想によって自分の思い込みや習慣、考え方の癖をなるべく排除して、自分と周囲を客観的に見つめ肯定的に受け入れる大切さを説きます。

　マインドフルネス瞑想は心理療法としてストレス軽減や認知療法にも活用されています。やり方は静座瞑想法、歩行瞑想法などがあります。マインドフルネスは10分間あればすぐにできます。心のケアとして取り組むことをおススメします。

PART 2

モチベーション
マネジメント
の基本

1 モチベーションとは なんだろう

モチベーションが持つ「パワー」

モチベーションは「意欲、動機」のことで、何か行動を起こすための「**初動の心のエンジン**」ともいえます。そしてその行動を維持していくための**動力源**ともいえます。

陸上や水泳、テニスなどのアスリートたちはモチベーションの大切さを説きます。能力を極限にまで向上させても、試合で結果を必ず出せるとは限りません。しかし、能力は劣っていてもモチベーションを究極に漲ぎらせて期待以上の結果を出す選手はいます。

結果には、心の不安や緊張が壁となる場合もあれば、思わぬ体調不良やケガも関係してきます。しかし、そのような状態でも期待される成果やそれ以上の結果が出せた時、アスリートたちはモチベーションの高さがいかに大切であったかを口にするのです。

試合を楽しもうとするモチベーションがアスリートたちに強力な力を与えるのです。

それほどまでにモチベーションの持つ「**パワー＝偉力**」は凄いのです。数式で表すとすれば次のようなイメージでしょうか。

> 能力 × モチベーション ＝ 結果

能力が高くモチベーションも高ければ結果は大いに期待できるでしょう。ところが能力がいくら高くてもモチベーションが低ければ結果は期待できません。ですから、このモチベーションをコントロールすることが、結果を出すために必要不可欠であり、アスリートやコーチたちも大いに着目しているのです。

アスリート的に単純化して表すと、

> モチベーション＝
> 結果に影響を与える心理的モーション

となります。例えば、ある大会に参加する際に、ベスト8をめざす選手と優勝をモチベーションにしている選手とでは、自ずと出せる結果が変わってくるでしょう。

ではどうすれば、モチベーションをアップさせることができるのでしょうか。実はモチベーションアップには次のような「個人差」

●モチベーションは心のエンジン●

モチベーションパワー

優勝するぞ

やる気でねえな

GOAL

があります。

①何に(What)にモチベーションが上がるか

②どのようにしたら(How)モチベーション
　が上がるか

先駆的に研究される
モチベーション理論

　皆さんはどのような人をモチベーションが高い人だと思いますか？　元気な人、明るいオーラのある人、声が大きい人、リーダー風な人、自信溢れる人などでしょうか。

　ではこうした人たちは、いつでも何事に対してもそうだと思いますか？

　反面、仕事仲間や利用者でモチベーションが低くみえる人はいつも元気がなくて、声が小さくて、自信のない人でしょうか？

　モチベーションの高低は目で見て測れるものではありません。

　実は内にやる気を秘めていてここぞという

時に頑張る寡黙な人もいれば、失敗したら大変だと危機感からギリギリになってモチベーションを上げて取り組む人もいます。自分の立場を意識して恥をかいてはいけないと頑張る人もいます。

　このような傾向からわかるように「モチベーション」という言葉のイメージはどちらかというと「気合い」や「根性」といった日本的な精神論に結びつけて語られてきた傾向があります。

　しかし、アメリカの行動心理学の分野ではモチベーションは学問として研究されてきた歴史があります。

　その代表格が心理学者A.H.マズローの**「欲求5段階説」**です。それをさらに発展させたのがF.ハーズバーグの**「2要因理論」**です。さらにローゼンタールの**「ピグマリオン効果」**、マクレランドの**「達成動機」**、マーティン・セリグマンの**「ポジティブ心理学」**

「レジリエンス」など多くの研究がなされてきました。

モチベーションは「気合い」「根性」「やる気」という精神論や思い込みではなく、これらの研究にもとづきノウハウ化されてきています。本書ではそれらの技法だけでなく私がオリジナルで技法化したいくつものモチベーション・ノウハウを「21のモチベーションメソッド（技法）」として整理し、PART 3から展開していきます。

モチベーションアップの前にモチベーションダウンを自己覚知をする

モチベーションアップの前に、あなたのモチベーションがダウンする場面や傾向、レベルを自己覚知しておくことは重要です。

私たちは自分なりのモチベーションレベルを持っていますが、予測できないひどい経験や他人の心ない言葉、理不尽な場面などに出くわすことで、簡単にモチベーションダウンするものです。

次の8つの質問を自問自答しましょう。

①私はどのような時にモチベーションダウンするだろう？

体調面：睡眠不足、空腹、体調不良
心理面：不安、不信、マイナス予測

②私はどのような言葉にモチベーションダウンするだろうか？

例：罵倒、叱責、追及、怒る、なじる、いじめる、冷たい、暴言、囃すなど

③私はどのようなタイプの人にモチベーションダウンするだろうか？

例：うるさい人、しつこい人、静かな人、お喋りな人、大胆な人、慎重な人、嫌味な人、冷静な人、いやらしい人、厚かましい人、不潔な人など

④私はどのような関係の人にモチベーションダウンするだろうか？

例：仕事関係、利用者（家族）、自分の家族・身内関係、知人、同僚・上司・部下など

⑤私はモチベーションダウンするとどのような気持ちになるだろうか？

例：落ち込む、イライラする、怒る、無視したくなる、目を合わせなくなる、悲しむ、ひきこもる、押し黙る、不機嫌になるなど

⑥私はどれくらいモチベーションダウンが続くだろうか（気に留める範囲を含めて）

例：10〜30分、1時間、数時間、半日〜1日、数日、数週間、数か月など

⑦私はモチベーションダウンするとどのような影響がでるだろうか？

仕事面：時間にルーズ、やり残し増など
体調面：だるい、眠い、胃痛など
身体面：ドカ食い、肩こりなど
態度：険しい表情、暗い表情、乱暴な言葉、暗い声など

●自分に合ったモチベーションスキルの活用●

⑧私はなぜそれらのことに
モチベーションダウンするのだろうか？

原因：満たされない承認欲求、価値観のズ
レ、尊重されない言い分、人格否定、
約束の反故、責任の押しつけなど

皆さんの回答はどのようなものになりましたか？　実はあなたのモチベーションアップとダウンの関係はコインの裏表なのです。モチベーションダウンした自分を冷静な目で自己分析することで、あなたのモチベーションがどのようにしたらアップするか、そのヒントを探ることができます。

モチベーションアップの技法は
相談援助に活用できる

モチベーションアップのメソッドは主に21種類あります。これらのメソッドがすべてあなたに当てはまるわけではありません。どれをどのように使ってみるか、まずは試してみてください。なぜなら1人ひとり性格や価値観、経験年数、物事の考え方のクセなどが異なり、合うスキル、合わないスキルが出てくるからです。

つまり「**あなた次第**」なのです。

注目すべきは相談援助の現場ではモチベーションが下がって日々の暮らしに前向きになれない利用者（家族）にも21のモチベーションメソッドは活用できることです。また事業所の仲間や新人職員、ケア現場のスタッフにも十分応用できるスキルです。

モチベーションアップのメソッドをあなた自身のセルフケアに活かすだけでなく、ぜひあなたの相談援助技術をバージョンアップさせるくらいにまで使いこなしてもらえればと思います。

2 内的動機づけ
── モチベーションをセルフプロデュース

内的動機づけでセルフプロデュース

モチベーションというと「外側から」が一般的ですが、私たちの心には「内的動機づけ」のシステムが組み込まれています。

それは、**内側から自発的に湧き起こるモチベーション**です。例えば「成長欲求」を感じたり、「意味づけ」をしたり、「自己決定」したり、それ自体を、「楽しむ」「面白がる」「達成感」を抱く、「自己実現」につなげるなどがあります。つらいケースややる気になれない事務作業も内的動機づけに結びつけることができれば、モチベーションをセルフプロデュースできます。

「成長欲求」を活用する

対人援助の仕事をする皆さんは金銭や昇進より、自分を成長させてくれる仕事（職場）に魅力を感じる人が多くいるように感じます。"デキるようになりたい""できる人間と認められたい"と思うのはとても大切なモチベーションで、「成長欲求」と呼びます。整理すると5つのステップがあります。

①知る・わかることが増える
②うまくできることが増える
③自分で工夫ができる
④周囲から評価される
⑤仕事・役割を任される

ステップごとに「やりがい」が生まれ、さらなるモチベーションアップにつながるといわれています。

成長欲求を活用する上で**「あまり高いレベルは狙わない」のがポイント**です。どちらかというと**「中程度のレベル」**を選びましょう。その理由は失敗の確率が低いからです。失敗はモチベーションを下げる要因となります。成功体験を小まめにするのがコツです。

「頑張ればできるかも？」という期待感で自分を動機づけるくらいが、一番有効な活用法です。なお、たとえ結果がうまく出なくても「チャレンジしたプロセス」を振り返り、プラスの自己評価をしましょう。

成長欲求を満たす**「ひと皮むける感覚」**は数か月〜数年間持続させることができるので、モチベーションの維持にも役に立ちます。

●6つの内的動機づけ●

モチベーションアップ

内的動機づけ

| 成長要求 | 意味づけ | 自己決定 | 楽しむ 面白がる | 達成感 | 自己実現 |

業務に「意味づけ」をすることで 自分なりの意味を創り出す

　私たち人間は行動に「意味」を求めます。モチベーション理論でも**「無意味なことは続かない」**と説きます。確かに当たり前のようですが、でも、あなたは本音では「意味なんてない」と思いながらも、仕方なくやっていることはありませんか？

　皆さんの仕事はさまざまな制度にもとづいています。制度には運営するための全国共通のルールがあります。そして都道府県や市町村ごとのローカルルールもあります。業務にはコンプライアンスが求められるため、どうしても煩雑な書類が増え、無意味だと感じる仕事でもせざるを得ません。

　この一連の実務を「意義と義務」だけでやり切ろうとすると、やがてストレスになります。

　ケアマネ・福祉職の仕事は多様な困難さを抱えた利用者（家族）を支援します。解決の見えない支援に不全感を抱くことも多く、ス

トレスから支援の意味さえ考えることがおざなりになることもあるかもしれません。

　仕事の「意味づけ」とモチベーションには密接なかかわりがあります。では、どうすればよいでしょう。

　まず、第1に個人的な意味づけを試みてみましょう。「△△な面を成長させるために○○をやろう」と意味づけるだけで向き合い方に変化が表れます。

　第2が社会的意味づけです。**社会的視野での意味づけ**と言い換えてもいいでしょう。あなたの仕事が、その利用者・家族の暮らし、チームケアを組む多職種や市町村、地域全体にどのような意味を持たせることができるか、を問いかけ、社会的に意味づけするのです。

　意味づけの重みは一定でなくても、意味づけした仕事にあなたが主体的に取り組むことでモチベーションはアップするでしょう。

　その仕事を自分なりにどう意味づけできるか、が重要なのです。

やらされ感を防ぐ「自己決定」

私たちのモチベーションを下げる要因の1つに「命令」があります。**命令とは強制力を伴い、実行には義務と責任が付随します**。さらに十分な説明と自分なりの納得がなければ大きなストレスと葛藤を生むことになります。問題は**「やらされ感」には自発性がない**ためにモチベーションダウンにつながり長続きはしないということなのです。

ところが、前述のとおり、介護・福祉の仕事は制度上、さまざまな決められたルールがあります。煩雑な書類作成などを「こんなの面倒だ、意味がない」といってちょっと手を抜いたり、怠ってしまうと減算などのペナルティが課され、最悪は「指定取り消し」という取り返しのつかないことにもなりかねません。

本来、**仕事は自分で決める（自己決定）ことができてこそ主体的に取り組めるもの**です。しかし3～5年ごとに制度が変更されてしまうのが現実です。だからこそ制度の改正に振り回されるばかりでなく、決まったルールは尊重しながらも「○○は△△のスタイル（連携先など）で行う」「○○の業務は△△までの期間に終える」などと、**自分なりの自己決定を意識的に行う**ことで主体的に取り組めるようにしましょう。

特に制度上用意しなければいけない書類や手続きなどを自己流でやってしまうと、結果的に責任がとれなくなることもありえます。必ず事業所ルールを決めて行うようにしましょう。ルールを話し合うプロセスを踏むことでチームワークが生まれ、結果的に「やらされ感」を緩和することができます。

仕事を「楽しむ、面白がる」

内的動機づけの勘所の1つに仕事を「楽しくする、面白くする」ことがあります。仕事が自動的に「楽しくなったり、面白くなったり」はしませんので、能動的に行うことが必要です。

仕事が楽しくなる最も大切な要素の1つは「できないことができるようになる」ことです。「なぜできないのか」の原因を分析しながら、どうすればできるようになるかを考え、1つずつ克服していくプロセスを楽しみましょう。

また、仕事を面白くするにはどうすればよいでしょう。例えば、単純作業を**あえて「複雑化」**（例：資料をカラーマーカーで色づけ）するなど、仕事に変化をつけてみるのです。実際に面白くなってくると時間が過ぎるのさえ忘れる程になります。こうなればしめたものです。

では、ケアマネ・福祉職の仕事を「楽しく・面白く」するにはどうすればいいでしょう。すぐにできることとして、利用者（家族）ごとに創意工夫して**かかわり方を「ちょっと変えてみる」**ことを試みてみましょう。

・話すスピード、声質を変えてみる
・言葉遣いを変える
・提案資料を拡大コピーする

あなたの「工夫」で利用者（家族）の表情や態度、印象や話しぶりが変わる瞬間、あな

●仕事を「楽しむ」「面白がる」ことで変化が……●

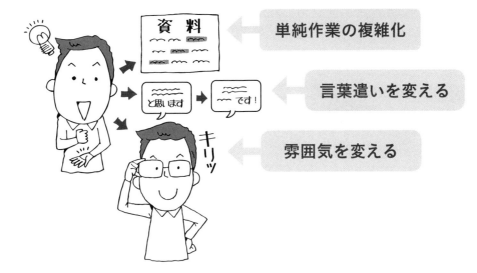

資料

単純作業の複雑化

言葉遣いを変える

雰囲気を変える

たのモチベーションはアップするでしょう。

小まめに「達成感」を感じる

ポイントは「ささやかな達成感」です。一般的な会社なら「生産量、売上げ、納期」など数値化しやすい目標を掲げますが、ケアマネ・福祉職にはそのような目標設定は似合いません。

利用者の課題や目標があなたの達成感につながるのが理想ですが、毎回達成するのは難しい現実があります。そこで、モニタリング訪問や日常の記録業務などの実務で**小まめに達成感を抱くこと**がポイントです。

「自己実現」から生まれるパワー

自己実現はマズローが提唱する欲求階層説の最上位概念です。「なりたい自分」「やりたい生き方・仕事」を設定し、そこをめざすものです。他の４つの欲求は「**欠乏欲求**」といわれ、その人に**欠けているもの**を満たす（欠

乏動機）ことをめざします。つまり４つの欲求は他者から提供することができる性質のものなのです。

ところが自己実現とは「**存在欲求**」という高次の欲求であり、あなたの人生の意味や生き方・やりがいにかかわるもの（存在動機）なのです。

本人の人生にかかわるものだからこそ、他者が安易に動機づけられるものではなく、自らが「自己実現のイメージ」を描けているかがポイントとなってきます。もしかすると、それをつかむプロセスそのものに意味があると私は考えます。

「自己実現」への道のりは数年から数十年かかるものでもあり、モチベーションの強度と持続性は強く、**他のモチベーション手法を引っ張り上げるほどの力**を持っています。

あなたの人生の意味や存在にかかわる**高次のモチベーション概念**があなたを長く深く動機づけることになります。

3 外的動機づけ
── 内的動機づけの促進役

外的刺激でモチベーションアップ

人は、何かを得られるとわかっている時、そのために行動を起こすことがよく知られています。企業では売り上げ目標を示し、それが達成された際に何らかのメリット（例：昇給、昇進、一時金）を社員に与えることで、達成意欲を高めようとします。これを「外的動機づけ」といいます。

前項の「内的動機づけ」は、自分のなかに自発的に湧き起こる性質のモチベーションであり、そのもとになるのが成長感や達成感、自己決定などでした。内的動機づけの難しさは本人の性格や経験や経歴、人生や仕事に対する価値観に影響されます。ですから同じアプローチは不可能であり、外部から働きかけることも難しい側面があります。

しかし、外的動機づけは本人のなかに内的動機づけがなくても外部からの刺激でモチベーションを引き上げることが可能です。

外的動機づけの種類

基本的に外的動機づけは「ご褒美」という形式をとり、大きく３つの種類に分けることができます。

①金銭的動機づけ
給与、昇給、ボーナス、一時金など

②職位・立場的動機づけ
昇進、表彰、正規職員など

③所属の欲求的動機づけ
仲間の受容的態度、身内的会話、承認の言葉、褒めるなど

しかし、これらにえこひいきや極端な差別があるとモチベーションはダウンし、マイナス効果になるので、公平性を保つために組織で複雑に「ルール化」されています。

組織が仕立てる外的動機づけの場合には、その中身があなたのモチベーションに合致していれば頑張る意欲も湧いてくるのでしょうが、自分の頑張りに見合わない、特に「ご褒美」に魅力を感じない、その趣旨に賛同できないといった場合には、動機づけの効果を発揮しません。

しかし、外的動機づけ自体に効果がないわけではありません。他者に対しても設定次第で大きく動機づけることができます。

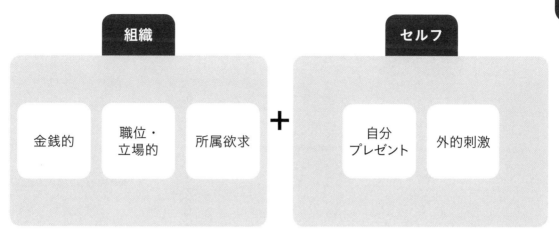

組織

| 金銭的 | 職位・立場的 | 所属欲求 |

＋

セルフ

| 自分プレゼント | 外的刺激 |

　自分自身への外的動機づけをセルフモチベーションに活用するために **「自分にとって魅力的」な外的動機づけのラインナップ** を自分で設定しましょう。

セルフモチベーションに「外的動機づけ」を活用する

　あなたのことはあなた自身がいちばんわかっています。自分がどのようなことに満たされていないか、どのようなことを夢見ているか、どのようなことにリラックスするか、どのようなことなら頑張る気持ちになれるか、それはあなたの設定次第なのです。

　セルフモチベーションとして行う「外的動機づけ」には、大きく２種類あります。

①モノ：自分にプレゼントをする

　自分で自分にプレゼントをすることをやっている人は意外といます。ご褒美があれば、人間、そのために頑張ろうと思えるからです。つまり即効性がある手段だといえます。

・**プチプレゼント（例：食べ物、衣服、旅行、自由時間、コンサートチケットなど）**

　日頃からちょっとハードルが高いモノや憧れるコトなどで **「自分で自分を釣る」（ニンジン効果）** 方法です。

・**金銭（金額は多からず少なからず）**

　欲しいモノが特にない場合は、自分へのボーナスとしてまずは金額を決めましょう。使途はその時に考えることにしておけばよいのです。**「未知なる使い道に向けてワクワク感で引っ張る」** というセルフモチベーションが可能となります。

②自分を成長させる「外的刺激」を作る

　自分の成長欲求に効果的なコトや人を用意するのもとても刺激的です。外的刺激が内的モチベーションを刺激してさらなるパワーアップをするという **「善循環」** を作ります。
・**ライバル、仲間を作る**
　お互いを刺激し合える仲間やライバルを作

る、勉強会を開くなど

・**代理経験をする**

研修会や書籍から「できそうだ」と思えることを実践して経験してみる、仕事がデキる人の実践を真似してみるなど

・**縁起をかつぐ**

お守り、お参り、ジンクス、パワーストーン、パワースポット巡りなど

・**マイ・スローガンを決める**

格言や教訓をノートに書く、声に出す

外的動機づけの「7つのリスク」を理解して活用する

　外的動機づけは即効性があるのですが、過度に頼ってしまうと阻害要因になってしまうリスクがあります。米国のアルフィ・コーンの「5つの指摘」（①〜⑤）と英国のエドワード・L.デシがさらに示す「2つの指摘」（⑥⑦）などを参考に考えてみましょう。

①外的動機づけは「罰」にもなる

　ご褒美と罰はコインの裏表です。「〇〇」をやり遂げたら自分にご褒美を与えるというルールはできなかった時にはご褒美はありません。ですから逆に「罰」となってしまいます。賞賛やご褒美がないことが続くと自己肯定感を下げることにもなりかねません。基準を「細分化（小分け）」するなどでご褒美が出やすくする、できない時はプロセス評価を行い、客観視しましょう。

②外的動機づけは人間関係に影響する

　成果主義のマイナス面の1つとして、「成果＝報酬」が働く人々の協働や協力を低下させ、勝ち組と負け組を作りだし、人間関係に影響するといわれます。セルフモチベーションで外的動機づけを使いすぎると仕事が自己中心的になってしまうリスクがあります。自分が今どのような外的動機づけをしているのかを事業所内でシェアする、周囲の頑張りにも協力する、などを意識づけて行いましょう。

③外的動機づけは「基準」を下げる

　「〇〇ができたらご褒美」「〇〇ができないと罰」という結果評価だけだと、「なぜうまくいったのか」「どうして失敗したのか」「どのようにすればうまくいくか」などのプロセス分析とポジティブ対応策を検討しなくなることがリスクとなります。

　また賞罰が目的化すると、努力しないで「多くのご褒美」を得るために「基準を下げる」ことが横行します。目的を常に確認し、プロセス分析とポジティブ対応策を丁寧に検討する機会を作りましょう。

④賞罰のルールが「有害」となる

　そもそも楽しくて夢中でやれている（内的動機づけ）のに、そこに外的動機づけで賞罰というルールを持ち込むことは有害であるとまでコーンは指摘します。

　賞罰のために〇〇をやる、を続けているとやがて自分のなかでの認知が刷り替わり、もともとの内的動機づけの低下を招くことになります。**むしろ内的動機づけが高い時は外的動機づけはあえて持ち込まない**ようにするとよいでしょう。

●注意したい外的動機づけの「７つのリスク」●

❶罰にもなる

❷人間関係に影響する

❸基準を下げる

❹賞罰が有害に

❺チャレンジしなくなる

❻依存症

❼近道に走る

⑤評価に連動するとチャレンジしなくなる

　賞罰によって働きはじめると、楽しく頑張っている時に比べて「視野が狭くなる」とコーンは危惧します。さらに評価システムが連動すると評価される項目の範囲で動きをとることが多くなるといいます。つまり仕事への工夫や創造、冒険、イノベーションに水を差し、新しいチャレンジを抑制する作用が働くことになります。

⑥外的動機づけは「簡単にはやめられない」

　自分の意欲を高めるために外的動機づけを使い出すと、脳で「○○をするのはご褒美のため」という認知の刷り替えが起きてしまい、同じ行動を自分にさせるためにはご褒美を与え続けなければいけなくなります。それは**ご褒美への依存症**です。期間や範囲をあらかじめルール化しておきましょう。

⑦手抜き（近道）に走ることもある

　ご褒美が目的化するとできるだけ最短ルートで手に入れることをめざし始めます。「手抜き」（近道）をするようになると、やがて中身を伴わなくなっていき、自分自身を堕落させて、結果的にモチベーションがダウンしていくことになります。

　これを防ぐには、プロセスの手順は守る、毎回工夫を凝らして新しい試みをする、事業所内で状況をシェアするなどが効果的です。

　外的動機づけで注意すべきは、報酬（ご褒美）によって内的なやる気を低下させる**「アンダーマイニング効果」**です。わかりやすく言うと「自発的にやる気になっていることに報酬をあげるとやる気が削れる」という現象です。あくまでメインは内的動機づけで、**外的動機づけはサポート機能として使いこなす**ことが重要です。

4 レジリエンス
―― ポジティブ心理学で
モチベーションアップ

レジリエンスは心理学の新しい潮流

心理学の主な領域には精神分析学、行動主義心理学、人間性心理学、認知心理学、社会心理学、発達心理学があります。

従来の心理学の対象はおもに「心を病んだ人」向けのものでした。

レジリエンスを提唱するポジティブ心理学は**「心を病んでない人」を対象**とします。「心の未病」段階の人たちです。心の病にならないように**心の健康を維持し、幸せな状態をめざす心理学**です。

ポジティブ心理学では心が健康な人の心の基礎的資質や考え方、認知の傾向、回復力の研究をします。その第1人者がマーティン・セリグマンです。

ポジティブ認知とレジリエンス

私たちの周囲には、ある言葉や置かれた環境によって**「心が折れやすい人と心が折れにくい人」**がいます。それは物事への認知（捉え方）の違いとしてポジティブ心理学ではとらえます。

困難な状況で「どうにもならない」とネガティブに認知する習慣がついてしまい、「もうダメだ」と嘆いてモチベーションをダウンさせてしまい諦める人がいます。

一方で、同じような状況であっても、「どうやればよいだろうか？」と考え「どこがまずかったのだろうか」と**ポジティブに認知し、可能性に向けてモチベーションを上げ、取り組もうとする人**がいます。

これはポジティブに受け止める習慣がついているだけでなく、仮に心が折れたとしても**レジリエンス（回復力）**の能力で元の状態に戻ることができる人と考えます。

同じ悲惨な体験（大災害、戦争体験など）をしてもPTSD（心的外傷後ストレス障害）になる人とならない人の違いもレジリエンスにあると考えられています。

レジリエンスの高い人は、自分の力を過小評価しない自尊感情や自己効力感、楽観性が高く、ネガティブな面だけでなくポジティブな面に着目します。また一喜一憂しないという冷静さも持ち合わせています。

「レジリエンスは先天的に身についた能力

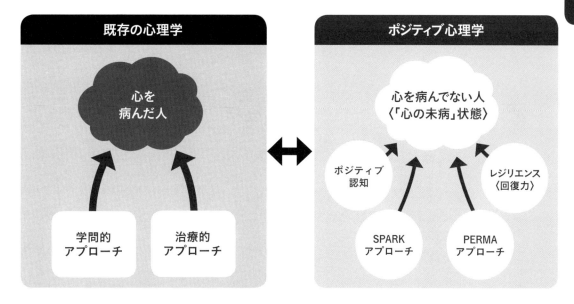

●ポジティブ心理学●

ではなく、学習することで身につけるとされており、心の病の予防ができる」と前野隆司氏は指摘しています。

モチベーションアップに活用できるポジティブ心理学２つの手法

ポジティブ心理学の提唱者であるマーティン・セリグマンは、もともとはうつ病やうつ状態に関する研究者で**「学習性無力感」**の研究では第一人者でした。学習性無力感とは、長期間にわたって回避することが困難なストレスフル環境に置かれた人や動物は、その状況を学習してしまい、困難から逃れようとする試みすら行わなくなるという現象です。学習性絶望感、獲得された無力感、学習性無気力とも訳されます。つまり**「無力感は学習される」**ことを理論づけたわけです。

1967年に提唱した彼は90年代からは範囲を広げ、ポジティブな人にフォーカスすること

になります。

「持続的幸福」を実現するためにセリグマンは**「PERMA（幸せになる５つの条件）」**を提唱し、ヨーロッパにおけるパイオニア的存在のイローナ・ボニウェルはレジリエンスを高める手法として**「SPARK」**を提唱しています。

いずれもモチベーションアップにはとても参考になる考え方です。

１）PERMA（幸せになる５つの条件）

セリグマンはポジティブ心理学の目的は短期的な幸福（happy）ではなく、**持続的なウェルビーイング（心身ともに充実したよりよい状態）をめざすもの**だと説きます。その条件を PERMA で表します。これはそれぞれの頭文字をとったものです。

・**Positive Emotion（ポジティブ感情）**

前向きな感情（例：頑張ろう、なんとかなる）、心地よさ、楽しい、嬉しい、面白い

モチベーションマネジメントの基本　**45**

と思える感情になっているか

・Engagement（没頭、集中）

時間を忘れる、周囲が気にならないくらいなにかに没頭している、集中できているか（スポーツのフロー体験やゾーン体験など）

・Relationships（関係性）

周囲の人とつながっているか、周囲の役に立っているか、認めてくれる人がいるか

・Meaning（意味・意義）

人生の意味・意義を感じるか、なんのために生きているか、自分が貫きたい人生の価値を見出せているか

・Achievement（達成）

やり遂げた・やりきった成功経験があるか、自己実現したい目標があるか、人生をかけて達成したいことはあるか

これらの5つの条件を満たしている人はウェルビーイングであり、ネガティブな状態の時には、何が欠けているかを整理し、モチベーションアップに活用します。

２）SPARK（レジリエンスを高める方法）

同じようなストレスを感じても心が折れる人と折れない人がいます。「レジリエンスとは強いストレスを感じた時に働く心理的プロセスで、**ストレスからの自発的治癒力である**」と前野隆司氏は述べます。

もともとストレスに弱い人でもS・P・A・R・Kごとに認知する習慣がつけばネガティブな感情を引きずることはなくなり、レジリエンスを高めることができます。この方法はボニウェルが認知行動療法をベースに開発したものとされています。

・Situation（出来事・事実そのもの）

何が起こったのか、どのような事実なのか、を冷静に把握する

・Perception（とらえ方）

起こった出来事や事実を自分の主観や感情を入れずに理解・解釈をする

・Auto pilot（自動的に生じる感情）

直訳は飛行機の自動運転のこと。どのような感情が自動的に湧いてきてしまうのかを冷静に把握する

・Reaction（反応・行動）

湧いてきた感情にまかせてどのような態度や反応・行動をとってしまう傾向があるのかを把握する。主に6つのパターン（批判的モード、正義感的モード、自己卑下的モード、諦観モード、悲観的モード、自罰的モード、無関心モード）がある

・Knowledge（知識、学び）

自分がどのモードになるかを自己覚知し、どのようにしたらレジリエンス（回復力）を高められるかを考える

３）レジリエンス・マッスルトレーニング

ボニウェルはレジリエンスを高めるために誰もができるエクササイズ、その名も**「4つのレジリエンス・マッスルトレーニング」**を提案しています。心の回復力を向上させる方法は、ネガティブになってしまったあなたをモチベーションアップさせる手法として活用できます。

頭で考えるだけでなく、ノートに書く、大きな声に出す（5～7回）などのアウトプットをするとさらに効果的です。

●レジリエンスを高める方法●

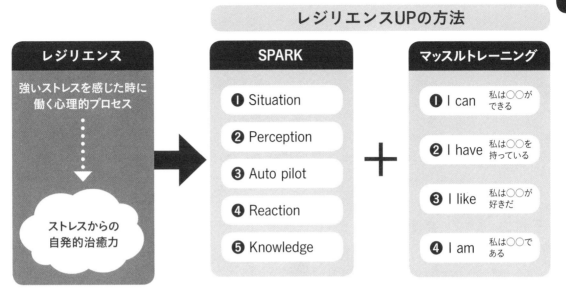

レジリエンスUPの方法

レジリエンス

強いストレスを感じた時に
働く心理的プロセス

ストレスからの
自発的治癒力

SPARK

❶ Situation

❷ Perception

❸ Auto pilot

❹ Reaction

❺ Knowledge

マッスルトレーニング

❶ I can　私は○○が
できる

❷ I have　私は○○を
持っている

❸ I like　私は○○が
好きだ

❹ I am　私は○○で
ある

① I can（私は○○できる）

　これまで経験した困難な状況をイメージして、どのように乗り越えたか、箇条書きにしましょう。次にそれは今の私にとってどのような意味を持っていたかを振り返ってみます。

　このプロセスで**自己効力感を高める**ことができます。

② I have（私には○○さんたちがいる）

　一人でできることはわずかです。友人や知人、仕事仲間、サポーターになってくれる人、困った時に相談できる人・相談したい人をノートにどんどん書き出してみます。すると「自分を助けてくれる人がこんなにもいる！」と新たな気づきが生まれ、「だったらこんなことができるかも？」と可能性を広げる効果があります。

③ I like（私は○○が好きだ）

　ネガティブなことを考えるのはとりあえず、中断します。自分にとってワクワクする写真や大切な人の写真、楽しかったことを考えます。落ち込んだ気持ちを「I like～」で気分の方向性を変えます。

④ I am（私は○○である）

　ポイントは「I wish（私の願いは～）」ではなく「私は○○である」と言い切るのです。自分の「強み」や得意なことでもいいでしょう。なりたい自分、尊敬される自分、周囲から一目置かれる自分、いきいきとしている自分になっているとイメージするのです。それがあなたの「自分らしさ」です。**自らの言葉で承認欲求を満たすことにより自己肯定感を育てる**ことができます。

ポジティブ心理学の「7つのエクササイズ」

　ポジティブ心理学は内的なトレーニングだけでなく、身体行為を含む外的なエクササイズを行うことによるポジティブなメンタル作りを提唱します。どの手法が自分に合っているか、チャレンジしてみましょう。

1)「親切」エクササイズ

　私たち人間は社会集団を作っています。そこでは**群居感情**（例：愛情、思いやり、親切心、気づかいなど）が働き、他者同士であっても関係性を作る動機づけが生まれます。

　人への思いやりは共感や同情心がベースになった**主観的感情**です。親切とは相手が必要とする言葉や行為を予測して（配慮して）行う**客観的行為**です。

　友人や職場の同僚、家族などつながりのある人が**喜ぶ・助かる行為**（例：ねぎらいの言葉、プレゼント、掃除、料理）を行うことで感謝の言葉をもらえ、自分のなかにポジティブな心理状態を作ります。

　またバス・電車で席を譲る、ゴミを拾う、エレベーターの開閉ボタンを操作する、献血に協力するなどもよいでしょう。

　他者のウェルビーイングに貢献する行為は自己肯定感を生み、モチベーションをアップさせます。

2)「笑顔」エクササイズ

　一般的に楽しいから「笑顔になる」と思われていますが、**笑顔になると「楽しくなる」**ことは大脳生理学の研究でも示されています。鏡で次のエクササイズをやってみましょう。

- 箸のような棒を歯で加えて口角を上げる
- 上の歯を6本以上見えるように笑う
- ワハハッとわざと大声で笑ってみる

　このようなシンプルなエクササイズでも「なんだか楽しい気分」になることが実感できるでしょう。

3)「上を向いて歩こう」エクササイズ

　私たちは悩んでいる時やネガティブな気持ちの時はうつむき加減で歩いています。マラソンで苦しくなると下を向いて道路を見つめながら走り始めます。

　実はつらいわけではないのに、その姿勢を取るだけで脳が「今は落ち込んでいるんだ」と勘違いしてしまいます。

　そんな時はシンプルに「上を向いて歩こう」エクササイズを試みてみましょう。まず目線が上になることで姿勢が良くなり、空や山などの景色、人の顔が目に入ります。肺が開いて呼吸が楽になり、気持ちが明るくなります。

4)今日の「良いこと3つ」エクササイズ

　ポジティブ心理学のセリグマンが開発したエクササイズに「Three good things」があります。行うことはとてもシンプルです。

- 毎晩寝る前に行う
- その日の「3つの良いこと」を書き出す
- 1週間続ける

　このエクササイズの特徴は**「一日の終わりの認知を変える」**ことにあります。なぜなら

●ポジティブ心理学「７つのエクササイズ」●

① 親切

② 笑顔

③ 上を向いて歩こう

④ 今日の良いこと3つ

⑤ 自分の強み

⑥ 感謝の訪問

⑦ 文章の書き換え

ネガティブ表記
・〜は難しい
・〜はできない
・〜は無理だ

語尾の書き換え

なんとかなるだろう

ポジティブ表記
・〜はなんとかなるだろう
・〜はなんとかなるだろう
・〜はなんとかなるだろう

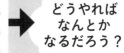
どうやれば
なんとか
なるだろう？

私たちは嫌なことに囚われてしまいがちだからです。このエクササイズで良いことに意識的になり、良いことを楽しめる力が備わってきます。

　良いこととは「今日のコーヒーはおいしかった」「道端でかわいい花を見つけた」などのささいなことで構いません。

　ただし、離婚や死別、いじめなどつらい状況の時には「**普通のこと（ホッとしたこと）**」などを書くだけでも効果的です。

5）「自分の強み」エクササイズ

　エリクソンは「自分の強み」を考えることは自分に向き合う当事者意識を持つことであり、**本来感（「これが自分らしい自分だ」という実感）**の感覚を取り戻すことにつながると説きます。

　自分の強み（例：話し好き、体力がある、笑顔が多い、声が大きい、お菓子が作れる）を書き出し、仕事やプライベートで今までやってこなかった「**強みの活用**」を試みてみます。次のような変化が生まれモチベーションが上がるでしょう。

・強みが発揮される時は学習曲線が急上昇する
・強みを活用している時は疲労感より活力、高揚感が高まる
・強みを活用するための新しい方法がないかを考えるようになる

6）「感謝の訪問」エクササイズ

　すぐにできるモチベーションアップに「感謝の訪問」があります。感謝の出来事を思い出すことによって相手との好ましい記憶が呼び戻され、**自分の人生をポジティブな気持ちで承認する**ことができます。その感謝の気持ちを「手紙」に書くことでその相手との結びつきを強くすることができます。

・まず目を閉じて複数回深呼吸する
・人生の恩人、人生の転機となった人、一度もきちんとお礼を言えていない人を浮かべる（故人でも可）
・自分のために「その人がやってくれたこと、どのような影響を受けたか、今どのように役に立っているのか、もし出会えなかったらどうなっていたか」を700～800文字に書き出す

　なお、毎晩寝る前に「**3つの感謝を書く**」ことも効果的です。対象はクルマや道具類、什器や小物、自分の身体、ペットでも構いません。「**感謝の感受性**」が高まり、モチベーションを向上・維持させることができます。

7）「文章の書き換え」エクササイズ

　ネガティブ視点で「とても難しいこと」に着目した文章をポジティブな視点で書き換えをするエクササイズです。

・なんとかなるとは思えないことを3～5つ書き出す
・書き出した文章の末尾を「**なんとかなる**」と書き換える

　「○○さんの1人暮らしは認知症が進めば難しい」を「○○さんの1人暮らしは認知症が進んでも**なんとかなるだろう**」と書き換えてみましょう。

　これまで「難しい」を前提に考えていた手

●「ピーク・エンドの法則」を使う●

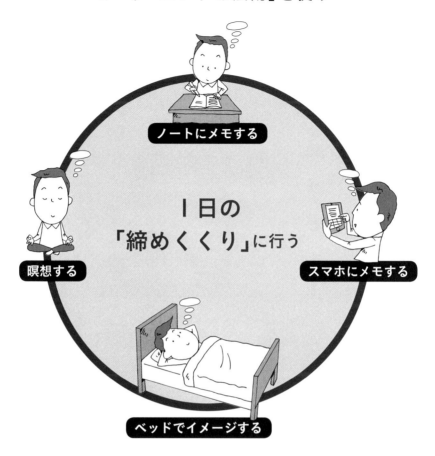

ノートにメモする

1日の
「締めくくり」に行う

瞑想する

スマホにメモする

ベッドでイメージする

立てが、ポジティブに書き換えることで「では、どうやればなんとかなるだろうか？」と**前向きに手立てを考える**ことができます。この手法はワークショップでも効果的です。

また個人的な悩み（例：会議の進行が下手だ、文章が浮かばない、スケジュール調整が苦手）を書き出し、その**語尾をポジティブ表現に書き換える**（例：会議の進行表を作り、大きめの声で進行してみよう、文例集を参考に文章を書こう、手帳を使って3週間先までのスケジュール管理をしよう）ことをやってみましょう。

これらのエクササイズを行う時間帯は自由ですが、寝る前の3分間に行うことがポイントとされています。**「ピーク・エンドの法則」**によると苦痛や快楽の評価はピーク時および**エンド時の状況で決まる**というものです。この法則を使って1日の締めくくりに今日の「良いこと3つ」エクササイズなどを行うことで幸福度を上げることができます。

ただし、飽きないために「感謝を3つ」「強みを3つ」など毎日エクササイズの内容を変えてやってみると新鮮な気持ちで取り組めます。

どうしてもやる気が起きない時はどうすれば？

「やる！」と決めてもやる気が湧かない。やりたいことややらなきゃいけないことは山積みなのに、肝心要のやる気が出ない。やらないと本当にマズいと頭ではわかっているのに、なかなか手がつかない。先送りと後回しで溜まるばかり。気分は鬱っぽくなってしまい、さらにやる気が起きないことに。

さて原因はなんでしょう？

原因は人それぞれです。でも共通している"あるある"があります。まずは、やることが多すぎて何から手をつけてよいかわからないってやつ。そしてやる意味や意義がわからないってのもあります。それと、"なぜ今なの？　なぜ○○までなの？"と締め切りが気になりだすともうダメ。これはけっこうなプレッシャーです。これに睡眠不足や身体的な疲れ、人間関係などのストレスや組織へのジレンマなどがつけ加わればかなり響きます。

ではどうすればよいでしょう。

まずは手をつけるということ。始まらないのはいつまでも始めないからです。まずは5〜10分の短い時間取り組んで、

やりきった自分を褒めてあげます。

「よし、やるぞ！」と気合いで自分を追い込むのではなく、「私は○○ができる！」と声に出して自己暗示にかけるのも１つです。

また、やる気が起きないのは心が不安で充満しているから。ノートに書き出す、誰かに聞いてもらうなど「不安の排出」で心のなかをクリアにするのも１つです。

散歩する、軽くジョギングする、ストレッチするなどで幸せホルモンといわれる「セロトニン」が分泌されますので、こうしたフィジカル面からもアプローチしてみましょう。

しかし、これも無理強いすればやる気はさらに減退します。まずはゆっくりと休むこと、仮眠をとることなどが最初に取り組むべきことかもしれません。

PART 3

モチベーション メソッド
―21の技法―

1 自己モチベーション
—— 自己承認・自己肯定感・自己効力感

❶ 自己承認でモチベーションアップ

私たちは会話のなかで「あの人の言い分は認める」とか「私はあの主張は認められない」という表現を使います。新しい職場やチームに入る時に「できるだけ早く皆さんに認めていただけるように頑張ります」というのが挨拶の定番となっています。

それは日本人が**「一枚岩、横並び、一体感」を大切にするムラ社会の意識**を今もひきずっているからともいえます。それを形にするために**同調圧力や忖度**という空気感を作ることが多いのも日本人が**「承認欲求」**を強く意識しているからなのでしょう。

「人から認められたい」「人の期待に応えたい」と思う承認欲求とは、相手の存在や認識を「鏡」として自分の姿やポジションを確認したいという所属の欲求が基本になっているといわれています。ＳＮＳで見映えのいい写真を掲載して、周囲から「イイね」（承認）をもらうことで、さらに見映えのいい写真を撮影しようと努力するような現代の風潮はまさに、この承認欲求からきているのです。

「承認相手」は自分軸で選ぶ

一方で、日本は**周囲の評価を「受け身」で待つ美学**もあります。影の功労者、縁の下の力持ちのような存在として承認されたい欲求です。しかし、このタイプの場合、日々のモチベーションアップに活用することはできません。ではどうすればよいでしょうか？

それは、自分軸で**「誰に認めてもらいたいか」**を決めること。「誰でも」でなく**あなたが一目置く「誰か」**がポイントなのです。

・○○さんに認められたい
・○○さんの期待に応えたい

「相談スタイル」で行うと
シナジー効果でお互いにメリット

あなたの頑張りを見た○○さんから「頑張っているね」と声をかけられたらどうでしょう？　あなたの承認欲求は満たされ、モチベーションはアップするでしょう。

でも、○○さんからそのように気にかけて

●自己承認でモチベーションアップ●

"誰からでも"

自分軸で
選ぶ

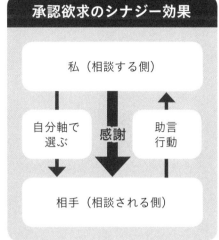

承認欲求のシナジー効果

私（相談する側）

自分軸で
選ぶ　感謝　助言
行動

相手（相談される側）

もらうためには、あなたのやる気を意識してもらわなくてはいけません。そのためにはその人に「相談」することをおススメします。

「〜〜について相談に乗っていただけないでしょうか？」と**相手に参画してもらうこと**であなたの頑張りに相手の意識が向きます。

同様に仕事で指示を出す場合も**相談調で行う**と相手のモチベーションが上がります。

「〜〜をやってみたいのですが、どう思われますか？」と相談で本人の主体性を引き出し巻き込むのです。相手には信頼している、一目置いている印象が伝わります。

相手にだって承認欲求はあります。相談と感謝というスタイルで相手の承認欲求を満たし、モチベーションを相互に高めるのです。

この場合はあなたが相手に「**気づかいの言葉**」をかける側になるわけです。

相談スタイルはする側・される側の承認欲求を満たす**シナジー効果**が期待できます。

「承認欲求」は両刃の剣

注意したいことは、承認欲求は相手に「認めてもらう」という**他律の発想の「虜」になりがち**ということです。認める側も無意識に相対的比較を行っています。また、認めてもらえないとストレスにもなります。

さらに、ＳＮＳ上での承認要求を求めすぎて、過激な自撮りや刺激的な映像など、行き過ぎた状況にもなりかねません。

承認欲求をモチベーションにするのは、両刃の剣だと意識して適切に活用することが重要です。

それでも承認欲求の虜になってしまった場合は、強い自律心を持ちましょう。**他者の評価ではなく自分の評価（自分軸）を最優先**するように心がけます。自己承認だけでなく、次の自己肯定感の活用がよい場合もあります。

❷ 自己肯定感でモチベーションアップ

「自己肯定感」をどう高めるかがとても注目されています。「介護・福祉の仕事についてようやく自己肯定感を得ることができました」と話す人がいます。その理由は「以前の私は自信がない、自分のことが好きになれない人間でした」といいます。おそらく利用者に感謝される、きつい仕事にあえて就いている、何か社会に貢献できていると思えることが自己肯定感につながっているのでしょう。

「自己肯定感」が低くなっている原因には、日本の子育てや学校教育が**「ありのままを尊重する」文化**ではなく、**「あるべき姿」を押しつける、教え込む教育**であることが挙げられます。そこでは**「認める、褒める、応援する」**ではなく、**「比べる、否定する、鍛える」**ことが繰り返されてきました。それを18年間、家や学校やクラブ活動でやり続けられると「自分はまだまだ、自分は弱い、もっと頑張らなければ」と叱咤激励するばかりで自己肯定感が低くなるのもうなづけます。

さらに社会人となると上司から評価され、それが給与や職位に大きく影響することになります。

こうした「評価」や「競争」の世界から逃れて、医療・介護・福祉の仕事で貢献し「感謝」される経験を通して「自己肯定感」を初めて得られたという人が多くいることも事実なのです。「自分自身を取り戻す（リカバリー）」プロセスを通じて「私は私でいい」と自分を尊重する大切さに目覚めることになります。

「自己肯定感」を
モチベーションアップに使う

自己肯定感とは**「自分の存在に自分なりの意義と意味を認めている感情」**といわれます。

その対極にあるのが**「格差」**です。社会にはさまざまな「格差」があり、私たちが自己肯定感を持つことの弊害を生み出している仕組みといえるかもしれません。

●生育格差　●学歴格差　●成績格差

●職業格差　●収入格差　●能力格差

●資格格差　など

まず、あなたがこれらの格差をどのように捉えているかを書き出して自己分析しましょう。それらに否定的な感情が湧いてくるなら、それがあなたのモチベーションをダウンさせている要因の1つかもしれません。

否定的な感情を劣等感といってもいいでしょう。劣等感を「なにくそ」というパワーに変えられる人もいますが、そうできなければ劣等感はいつまでも心の奥底でくすぶり続け、物事がうまく進まない原因として格差を言い訳にしてしまうことになります。

しかも、格差をいくら乗り越えても、厳しい現実としてさらに上の格差が視野に入って**「格差地獄」**に陥るだけだったりします。

ではどうすればよいでしょう。

「格差」を否定したり、克服するのではなく、そもそも**「気にしない」**ことをおススメ

●自己肯定感でモチベーションアップ●

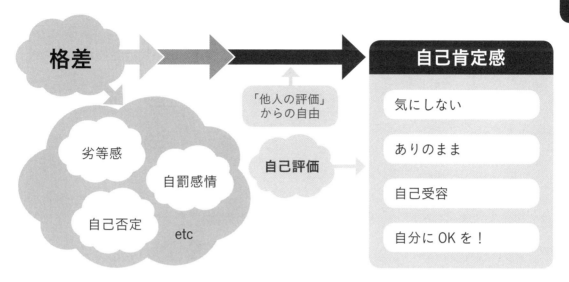

格差

劣等感
自罰感情
自己否定
etc

「他人の評価」からの自由

自己評価

自己肯定感

気にしない

ありのまま

自己受容

自分に OK を！

します。

それには今の**「ありのままの自分」を肯定する**こと。自分の良い・悪い部分をすべて肯定することです。仮にツラい自分、デキない自分、自信を持てない自分がいても、それを含めて受け入れる（自己受容）のです。

「他人（周囲）の評価」から自由になれると自己否定の感情は生まれなくなるので、気になって仕方なかった不安や恐怖心から解放され、心が穏やかになります。

そして素直な心で次のフレーズで自分に問いかけましょう。

・「私は何がしたいのだろう」
・「私はどのようにしたいのだろう」
と考えるプロセスで、自然とモチベーションがアップしているのに気がつくでしょう。

ここが、他者からの評価をモチベーションに活かす「承認欲求」を満たす方法との違いといえます。

「自己肯定感」のメリットは「素直さ」と「相乗効果」

「自己肯定感」を持って仕事に向き合える人は「素直さ」を手に入れることができます。相手を資格、収入、学歴、年齢、育ちなどで比較したり、自分との格差で評価しなくなるので、**人間関係がフラット**になります。もちろん相手に敬意を払うなどの当然のエチケットは大切にしましょう。

また、自己肯定感を自分だけでなく、あなたの周囲の人に向けることです。**あなた自身が相手の考えや行動を肯定的に受け止めるようになることが大切です。**そうやって相手の考えや思いを尊重し、肯定的に受け止めると相手のモチベーションはアップし、そのことであなたのモチベーションもアップする**相乗効果（シナジー効果）**を実感することができるでしょう。

❸ 自己効力感でモチベーションアップ

あなたは自分の能力をどのように評価していますか？ 介護・福祉や医療の資格はあるけど、それ以外には特に能力がない、と思っているとしたら、それは大きな間違いです。

国家資格を持っているということは「公的にその知識と力量がある」と認められたことです。もちろん経験などに差はあるでしょうが、一般の方に比べて、はるかに対人援助の能力と技術を持ち合わせています。

そういった一定のことに対して自信を持つことを「自己効力感」といいます。**自己有能感（Self efficacy）** と言い換えてもよいでしょう。自己肯定感が「できない・自信のない自分を含めて肯定的に受容すること」なら、自己効力感とは「自分は○○ができる（はず）」と自己評価できる感覚です。

自分が他者（社会）との関係において有用である、役に立てる、貢献できるという感覚 を持てることはモチベーションを大いに上げてくれることになります。

「自己効力感」が パフォーマンスを左右する

自己効力感とは単なる思い込みではありません。これまでの経験やなんらかの技術などが根拠となって、自分で「できる」と思える感覚はとても重要です。「できるかどうかわからないけどやってみるか」ととりあえず始めるのと「これはできる」と確信に近い感覚で始めるのとでは結果が変わってきます。

まさに職人技に近い感覚を複数の領域で複数のデキる感を持っていることが重要です。

介護なら認知症の人の入浴介助やレクリエーション、相談援助なら80代の女性とのコミュニケーションなど、具体的に自分の得意分野や得意な対象を増やしていくことでモチベーションアップを図ります。

自己効力感と期待モチベーションで相乗効果を狙う

ここで着目したいのは自己効力感と期待モチベーションは密接な関係にあることです。

期待には結果期待と効力期待の2つがあります。結果期待とは「こうすればうまくいく」という結果に着目したものです。効力期待とは **「自分は○○の行動を行って役に立つことができる」** というプロセスに着目したものです。経験の浅い新人のOJTでは「こうすればうまくいくよ」（結果期待）と具体的にやり方を見せ、「自分にも役に立てそうだ」（効力期待）と、本人が実践してみて成功体験を1つずつ積み重ねることでモチベーションアップを図るという手法があります。

これを活用して、ベテランのOJTや事例検討会で「どのようにやればうまくいくのか」をたくさん学ぶことで自己効力感を高めることにつなげていけます。

自己効力感を高める「5つの方法」

心理学者のアルバート・バンデューラは自己効力感を高める5つの方法を提案しています。

●自己効力感アップのための5つの方法●

❶成功体験

やり遂げた！

❷モデリング

❸自己暗示

できる

なってる

❹リラックス

❺想像的体験

GOAL

①成功体験をする

困難・挫折・つまづきを乗り越えたささやかな**「成功体験」**をモチベーションアップに使います。

②モデリング（代理体験）をする

仕事がデキる人（共通性：同じ資格、年代、経歴）を観察して模倣することでうまくいった代理体験をする

③自分に暗示をかける

「なりたい」という未来形でなく**「なっている」「やればできる」と言葉にして暗示にかける**ことでモチベーションを上げることが

できます。

④心と身体をリラックスする

身体的なストレスや心理的ストレスを緩和し良好な状態にすることは、モチベーションアップの大切な要素です。とりあえず体を動かすのも効果的です。

やる気とは湧いてくるのを待つのではなく、起こすものです。

⑤想像的体験をする

うまくいくであろう状態（模擬成功体験、模擬達成体験）をイメージすることでモチベーションを上げることができます。

2 キャリアデザイン
── 仕事と働き方の「意味づけ」

キャリアデザインの曖昧さが
モチベーションに影響する

「あなたのキャリアを聞かせてください」

と質問されたらどのように答えますか？

たいていの場合、これまでの「職務経歴」を話すことでしょう。確かにどのような会社（法人）でどのような職務に就いてきたのかは大切な情報です。しかし、「**どのような目的で、どのような職歴を経てきたのか**」、それがキャリアの説明では大切です。

つまりあなたのなかでどのような「**仕事への自己イメージ**」があるか。あなたがそのキャリアに納得感があるのか、幸福感や達成感、自己肯定感を抱けているか、そのことがモチベーションに大きく影響します。たとえ、今の仕事が意に反したものであっても、あなたのなかでキャリアデザインが明確に描けていれば、モチベーションは維持できます。

逆に言えば、モチベーションが下がっているのは、あなたのなかで今の仕事に対する「意味づけ」や人生でのポジションが曖昧になっているからではないでしょうか？

「なぜ働くか？」自分のなかで
整理できていますか？

なぜ私たちは働くのでしょうか。

かつては、「社会人になれば働くのが当たり前」でしたが、現在は、多様な価値観があり、働く理由（事情）もさまざまでしょう。

あなたはどのような目的で今の職業（介護、医療、福祉など）を選び、なぜその職場で働いているのでしょうか？

・家族を養う（家計）ため
・子育て（教育費含む）のため
・会社（組織）や地域に貢献するため
・自己実現、自己成長のため

今あなたのモチベーションが下がっているとしたら、それは**あなたの働く目的と働く現状に「なんらかのズレ」が生まれている**からかもしれません。勤務実態（勤務シフト）や給与、役割・責任・権限、人材育成や職務などにアンバランスが生じるとどうしてもモチベーションに影響が出てくるものです。

そこで問題です。働く目的と現状にズレが生じているのに、その仕事を続けているのはなぜでしょう。もしかすると、下記のような

●「なりたい私」をめざすキャリアデザイン●

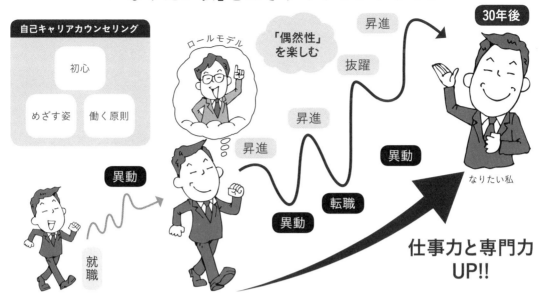

状況でも、諦観（諦め）から「仕方ない」と流してしまってはいませんか？

・おもしろくない　・嫌なことがある

・評価されない・命令・指示に従うしかない

　それでも自分を「仕事だから」と納得させていませんか？　そのままの状態を続けているとモチベーションは確実にダウンし、ストレスはあなたの心に深刻なダメージを及ぼすことになりかねません。

　これを防ぐために、なぜ働くのかを改めて自分のなかで整理しましょう。つまり「働くこと」に向き合うのです。

自己キャリアカウンセリング

　まず、自分に向けてキャリアカウンセリングを行ってみましょう。

１）この仕事に就いた初心は？

２）その仕事でどうなりたいのか

３）私の働く原則は何か

　これらを考えることを通じて、あなたが仕事で抱える悩みを解決する方向へと進めていくことはできます。ただし、これはストレスケアとしては有効でも、モチベーションアップのスキルとして活用するためには、さらに一歩進んで、積極的な「キャリアデザイン」を描いていくことが必要です。

キャリアデザインで「３つの転機」を主体的に乗りきろう

　「キャリアデザイン」とは、**自分の職業人生を自らの手で主体的にデザインしていくこと**です。自分が持つ資格や経験・スキルなどを考慮しながら、仕事を通じて実現したい将来像やそのためのプロセスを描くことがキャリアデザインといえます。

　例えば、社会福祉士のＡさんのキャリアデザインはこうです。20代は漠然と福祉の専門学校に進学。社会福祉士の資格を取得し、施

設の生活相談員としてキャリアをスタート。相談援助職としての土台ができたところで、30代になり、地域包括支援センターへ転職。より専門性を高めるために、ケアマネジャーと相談支援専門員の資格を取得。困難な仕事にもやりがいを感じて取り組み、やがて40代でセンター長に抜擢されます。

しかし、家庭の事情などから、退職を余儀なくされ、50代の今は、ケアマネの資格を活かして、パートで働くことになりました。

このように、その時々で目的をある程度、明確にしながら、「3つの転機」に主体的に取り組むことがモチベーションを上げることにつながります。

・就職と配属
・昇進と抜擢
・異動（転属）と転職

ベストマッチングでなく「偶然性」を楽しむ

職業人の理想は「職業＋法人・職場＋職務」がすべてマッチングできていることです。しかし、それは現実的には実に稀です。自分がなりたい職業に就き、入りたい法人・会社に入り、希望の職種に就ける、なんてことは、よほどの才能と努力と運に恵まれていないと難しいでしょう。

言ってみれば、キャリアは**「偶然性」**に支配されています。ですから、その時々の気分に左右されずに"点でなく線で考える"のです。つまり環境や条件の変更も織り込み済みの"優柔不断さ"を持つこと、**連続性のある曲線思考**が粘り強さになると考えるのです。

キャリアデザインを組織任せにせず、自分自身で決めることが大切です。そのためにも定期的な振り返りが重要です。

「ロールモデル」でキャリアデザイン

何事も上達の秘訣は「見本」から学ぶこと。**「なりたい自分、めざしたい自分」**を体現している人、それが「ロールモデル」です。

「基本の仕事力」を身につけるならロールモデルは同じ領域（例：ケアマネジャー、相談支援専門員、社会福祉士、看護師など）の人がよいでしょう。

基礎能力をキャリアデザインする

モチベーションが下がるのは基礎能力の不足から生じていることがあります。キャリアデザインは**自己成長のロードマップ**です。仕事は基礎能力を伸ばす**「チャンス」**と発想を変えるだけでポジティブに取り組むことができます。

1）対人能力を伸ばす

他者との関係作り力ともいえます。相談援助職は多様な人と出会う仕事です。親和性、信頼構築、共感性、協調性、協力性、傾聴力、ファシリテーション力などをセルフチェックして、自分がこの業務や職場、ケースで「どれを伸ばすのか」を考え・決めることから始めましょう。

2）対自己能力を伸ばす

対自己能力とはセルフコントロールする力

●基礎能力と専門能力をキャリアデザイン●

基礎能力
対人能力
対自己能力　対課題能力

専門能力
専門知識　専門技術
＝＝　　＝＝
計画化　ブラッシュアップ

です。感情等の自己覚知に始まり、内省や自己改善、さらにはストレスコーピング（ストレス対処法）、ストレスマネジメント（緊張感やプレッシャーを力に変える）の能力など、自分の内面に向けていく力を高めていきましょう。

3）対課題能力を伸ばす

　対課題能力とは課題を達成する能力です。問題の発見から、問題解決のための課題設定と実践、さらに達成へと導く能力です。**課題設定とは「どのようになればよいか」を未来形で考え、ゴールを決め、その実現のために「逆算式」で取り組む発想法です。**とはいえケアマネジャーの仕事に正解はありません。多職種と連携し、チームで協働して対応する創造的な仕事力と視点を磨くことでモチベーションはアップします。

専門能力をキャリアデザインする

　求められる専門能力は多様化しているの

で、能力の向上を続けていくのがプロフェッショナルなのです。

1）専門知識をレベルアップする

　一度身につけた専門知識も制度が変われば更新しないと古くなります。まずは学びたい、深めたい、求められる専門知識の習得計画を立てましょう。

・専門書・実務書・関連雑誌等を読む
・研修会に参加する　・資格を取得する
・大学や大学院に進学する

2）専門技術をブラッシュアップする

　「わかっている」ことと「できること」は異なります。「できている」はずのことが「できなくなっている」こともあります。定期的なブラッシュアップはビデオを使ったロールプレイで行い、新しい技術の習得はセミナーなどで実践的に習得します。

・相談面接やプレゼンテーションのロールプレイを動画で収録し、振り返る

3 仕事モチベーション
── 仕事の選択動機と仕事満足度

仕事の選択動機

キャリアカウンセリングやキャリアデザインの項目で、「なぜケアマネ・福祉職になったのか？」を考える大切さについて触れてきました。ここでは、仕事を選択した動機を改めて考えることでモチベーションを高める手法について学びます。

仕事の選択動機はモチベーションに大きく影響しています。あなたは「将来、何を仕事にするか」を初めて考えたのはいつでしたか？　その時、何を基準に決めましたか？

一般的に職業を選択する時の基準は次のようなものでしょう。

1・好きな事を仕事にしたい！

2・才能を生かせる仕事をしたい！

3・社会に役に立つ・人に感謝される仕事をしたい！

4・より収入が期待できる仕事に就きたい

5・その仕事をやらざるをえなかった

一般的に4番が選択動機として重要視されますが、あくまで「収入と業務と責任」のバランスがとれていないとモチベーションが低下することにもなりかねません。また5番はさらに現実的な事情（「親が○○だったのでその後を継ぐ」「地元に残るためには○○の仕事しかない」「私を雇ってくれるところは○○しかない」など）が影響します。

その点、1～3は純粋な職業選択動機です。もちろんこの3つの動機の通りに就職ができても「希望する仕事がいつもできる」わけではありません。組織には人事異動があり、経験を重ねると現場から離れて「意に添わない」管理業務に就かなければならないということもあります。これがモチベーションの低下につながる人もいます。

この選択動機に初心回帰することでモチベーションの低下を防ぎ、逆に回復させることも可能なのです。

仕事の選択動機と
モチベーションの関係

では、**仕事（職業）を選ぶ理由と職場を選ぶ理由**が一致するものでしょうか。残念ながらすべてが一致することはなく、なんらかの優先順位をつけているものです。

●仕事を選んだ理由（初心回帰）●

好き	得意	社会貢献

収入と安定重視	他の選択肢がないから

　例えば、職場（法人）を選ぶ時は、さまざまな条件（例：将来性、給与、勤務シフト、移動距離、福利厚生など）を加味し、条件ごとに折り合いをつけて選べば、「**自分なりの納得感**」がありますが、心のなかに**割り切れなさ**がいつまでも残るリスクが生まれます。

　では、純粋に３つの基準で仕事（職業）を選べたとしたらモチベーションは常に維持されるでしょうか？　むしろ法人でのポジション（職位、職務）、職場の人間関係、クライアントとの関係、ケアチームとの関係などの要因が絡み合って、モチベーションが不安定な状態となることが増えます。

　そこで、改めて、自分がその仕事を選んだ理由に立ち返ることで、当時の熱量を取り戻し、動機づけを図っていくのです。

選択動機に立ち返る
初心回帰を活かす

　仕事の満足度は自己イメージとリアルとの相対関係で決まります。仕事満足度が高くモチベーションに勢いがある時は「**自己イメージ≦リアル**」の関係で、低い時は「**自己イメージ＞リアル**」の関係になっています。このモチベーションダウン状態にどうすればよいでしょうか。ポイントは自分の選択を否定しないことです。「そう思った自分が間違っていた」「そんなに甘いものではなかった」

と自省的になるのではなく、まずは自分の選択を肯定します。次に新しい視点で**「読み換え作業」**をすることで発想を切り換え、新しい動機づけにつなげていきます。

1)「好きな事」を仕事に選んだ

「好きな事を仕事にできる人は幸せ」かどうかは、個人差があります。運転が好きな人がバスやタクシーの運転手をするのは、天職でしょう。相談援助職の場合はどうでしょうか。「人が好き」ならば、ケアマネジャーほど楽しい仕事はないかもしれません。もちろん、基本的に困難を抱えている人たちへの支援ですから、責任が伴い、苦しいこともたくさん出てきます。でも、**「好きだからやめられない」**という言葉にはモチベーションの持続性が期待できます。

しかし、苦しさのほうが上回って「好きになれない」状況になった時、次のようなアプローチをやってみましょう。

・おもしろがれることを見つける
・今やっている仕事の意味・価値を考える
・異動（転職）し、好きな仕事の継続を図る

2)「得意な事」を仕事に選んだ

「私は○○をするのは得意だ」と能力や才能で仕事を選ぶ人がいます。「高齢者の人と話すのは得意」ということで介護・福祉の仕事を選ぶ人たちもそうかもしれません。

注意しなければいけないのは**才能・能力は磨かないとレベルアップはしない**ということです。介護・福祉・医療などの国家資格は才能や能力ではなく、**「許可」**をもらっただけ

ですから、得意な人・不得手の人がいます。求められる力量に達していないとトラブルを起こし、結果的にモチベーションダウンすることになります。どうすればよいでしょうか。

・**「自分の強み」**（長所）を5〜10個書き出し、それらを伸ばす・磨く
・新しい知識や技術、資格をプラスする
・他人の能力を借りる（協力を依頼する）

特に他の専門職に相談する、同行体験をさせてもらう、研修会に出る、などは**刺激的な気づき**になることでしょう。

3)「役割・価値」で仕事を選んだ

「私は○○の仕事で社会の役に立ちたい」という「志」は社会貢献意識にも通じるとても貴重な選択基準です。介護・福祉・医療の仕事を選ぶ人のなかには、生い立ちや家族歴、ボランティア体験などのさまざまな実体験が動機になっている人がいます。

けれども、高い志（動機）で始めたからといって、いつでも高いモチベーションで仕事に向き合えるわけではありません。**仕事とは求められる業務をどこまで担えるかが1つの評価です。**志は高くとも求められる能力に達せずに仕事は溜まりがち、実は苦手（嫌い）なタイプが利用者（家族）や職場の同僚にいる、コミュニケーションがとれない、などがモチベーションダウンの**「あるある要因」**だったりします。

・自分の仕事力を冷静に分析し、求められる能力を整理し、改善する取組みを始める
・キャリアデザインの視点から今の職場や業務だから得られる知見や経験を整理する

4）「収入と安定が期待できる」で選んだ

収入が多いこと、安定していることはモチベーションアップには重要な要素です。しかし、現実は基本給や年齢給、資格給などは法人や事業所によって一律ではありません。また、中途採用ならば基本給だけでなく昇給のカーブも異なります。

収入アップでモチベーションはアップしても、転職や法人の都合で収入ダウンすればモチベーションも一気にダウンします。

・「働きやすさ」で職場環境の改善に取り組む
・定着率向上・人材育成の視点で育成計画に取り組む

5）その仕事を選択するしかなかった

「この仕事しかなかった人」のモチベーションが低いわけではけっしてありません。むしろそうだからこそ仕事に誠実に向き合いたい人は多くいます。中途採用でも前職で学んだノウハウを活かして意欲的に仕事に向き合って成果を出している人も多くいます。

仕事を好きになれたり、おもしろさが見つけられたりした人は、安定感を持って仕事に取り組める可能性があります。

・この仕事にかける「やりがい」を整理する
・前職経験で活かせるノウハウを使ってみる
・前職時代の人脈と今の人脈のマッチングを図る

仕事の満足度とモチベーションポイント

誰にでも意欲的になれるモチベーションポイントがあります。特に活用しやすいものが

タイプ別の仕事満足度です。これがつかめていると、セルフモチベーションに役立てるだけでなく、一緒に働く人や利用者（家族）へのモチベーションアップにも活用できます。

1）達成感・成功感タイプ

「やりとげた、やりきった」が達成感、「うまくいった」が成功感です。このタイプはやりきることに強い責任感を持ち、失敗してもよいものを作りあげることに無上の喜びを感じるタイプです。やりきり感を覚えるためには達成のイメージや計画性が基本にあり、うまくできた感を覚えるためには成功のイメージがあります。

このタイプは**「褒め言葉」**でモチベーションがアップします。1時間に1回くらいの頻度で褒められたいという人もいます。仕事だけでなく服装や印象、振る舞いなどどのようなことでも褒められることを素直にパワーに変えます。

ですから仕事で不調が続き、周囲から褒められることが減ると承認欲求が満たされずモチベーションが下がりがちとなります。

そういう時は悩むのでなく**「褒め言葉がある環境作り」**を心がけましょう。

・自分で自分を声に出して褒める
・周囲の人を褒めて、自分も褒めてもらう

2）人間関係タイプ

人間関係がモチベーションアップになるタイプは周囲との「信頼関係」の度合いがとても影響します。そのベースにあるのが高い**「親和動機」**です。人間関係タイプは他の人

と一緒であること（同調性）に安心感を覚えます。

　自分と共通する人、自分に好意を寄せてくれる人、心許せる人との関係が影響するこのタイプは、「褒め言葉」より「悩みを傾聴してもらう」ことで共感的な関係が生まれ、モチベーションによい影響が生まれます。そして、「ねぎらいの言葉」に承認欲求が満たされます。反面、モチベーションが下がっているのは「悩みを聞いてもらっていない」ことが影響しています。

・悩みを聴いてくれる人と話をする
・悩みをノートなどに書き出す
・人間関係タイプ同士で悩みを語り合う

3）自己成長・自己実現タイプ

　自己成長・自己実現タイプは日常的に「褒め言葉」も「悩みを聴いてもらう」こともあまり必要としません。孤立や孤独に強くコツコツと粘り強く取り組めるのが特徴です。

　どうしてこのタイプの人はモチベーションがダウンしないのでしょう。それは自己成長・自己実現が短期で成し得ることではない、と視線を遠くにおいているからです。「自分が成長した」と実感できるのには数年がかりとなり、「自己実現」となれば10年単位になるか、生涯にかかわることかもしれません。

　それに他のタイプと比較して「自己愛」が強いことも無視できません。

　このタイプがモチベーションアップするのは「教えを請われる」ことです。このタイプの人でモチベーションが下がっている時は次のことに取り組んでみましょう。

・誰かに教えることをやってみる
・誰かの役に立つことをやってみる
・めざすゴールをイメージする

4）社会的評価タイプ

　社会的評価タイプは社会的な認知を大切にする人です。給与などが低くかったり、一定のリスクがあっても社会的に評価が高い仕事に就いたりすることによって自己承認や自己肯定感を得られる人といえます。介護・福祉・医療の仕事だけでなく、国際的な NGO 活動やまちづくり支援の仕事も入るでしょう。

　このタイプの人のモチベーションアップを図るには褒め言葉も効果的ですが、社会的地位や立場を尊敬する・イチモク置く、感謝をする言葉がけがよいでしょう。また、立場上、つらさや弱音を吐けないために「心の込もったねぎらいの言葉」はモチベーションアップにとても効果的です。

・自分の生き方、仕事の社会的な意味や価値を自分に深く問いかける
・弱音やグチを話せる人につらい気持ちを吐き出す

5）生活の安定タイプ

　生活の安定タイプはワーク・ライフ・バランスを第一に考える人です。生活の安定は給与だけではなく勤務時間、通勤距離、福利厚生などの「暮らしやすさ」と「人生の楽しみ（趣味、娯楽）」と「働きやすさ」が適度・適切であることを重視します。スマホの壁紙が

●5つの満足度タイプとモチベーションポイント●

家族やライフ
スタイルを
褒める

達成感、成功感

こまめに
褒める

悩みの傾聴
ねぎらいの言葉

生活の安定

人間関係

仕事満足度と
モチベーションポイント

社会的評価

自己成長、自己実現

尊敬の言葉
感謝する

人に教える

家族写真の人が多いのも特徴です。

　仕事をないがしろにするわけではなく、モチベーションが上がらなくても仕事は平均的にソツなくこなせる人たちです。

　しかし、生活に不安定要素（家族不和、家計不安、子育て・介護トラブルなど）が生まれるとストレス過多となります。

　このタイプの人でモチベーションがドがっている時は、次のことに取り組んでみましょう。

・家族にかける時間をかなり増やす
・自分の時間や使えるお金を一時期増やす
・勤務シフトを家族第一に変えてみる

モチベーションポイントの活用

　自分のモチベーションポイントが周囲の人と共通していることはあまりありません。周囲の人の動機づけを自分流で図るとたいてい失敗します。ほとんどが「空振り」になり、双方に不満やわだかまりを生むだけです。

　「相手のタイプ」に合わせたモチベーションポイントに動機づけ（言葉がけ、かかわり方）をすれば、相手は意欲的に仕事や日々の生活に前向きに取り組むことができます。相手にさまざまなパターンのかかわり方を試してモチベーションポイントを探りましょう。

4 ポジショニング
―― 所属の欲求をモチベーションアップに生かす

所属の欲求とモチベーションの関係

　A.H. マズローの「欲求5段階説」では第1が生理的欲求、第2が安全・安定の欲求であり、次の第3段階に「愛と所属の欲求」を位置づけています。これは、**集団への帰属や愛情を求める欲求**です。

　自分の所属する先で認められること、受け入れられることで、安心感が得られ、そこで頑張ることが動機づけられます。これは、自分が所属したい所属先であるかどうかに関係はなく、満たされなければ、ストレスの原因になります。

　この欲求を満たすポイントは、自分の立場（地位）を確保する（⇒ポジショニング）、所属組織内での関係（立場）を変える、また新たにグループを作るといった能動的な行動をとれるかどうかにかかっています。

自分の「所属」について考える

　では、自分が所属するグループについて考えてみましょう。グループには、仕事関係だけでなく、身内関係、地域関係、趣味関係な

どがあります。所属グループの数だけ**「あなたの顔」**があります。あなたはどの領域のどのようなグループにいくつ所属をしていますか？

- **希望の有無に関係なく「所属するグループ」**
  身内：育った家族（親子、きょうだいなど）
  地域：町内会、檀家、氏子など
  子ども：ＰＴＡ、保護者会など
  仕事：部署、部門、事業所など
- **希望して「所属しているグループ」**
  法人内：事業所、部署、部門、委員会など
  専門職：団体、支部、グループなど
  身内：育てた家族（夫婦、親子）
  趣味：サークル、友人、たまり場など
- **希望して「作ったグループ」**
  法人内：勉強会、研究会、自主グループ
  専門職：研究会、勉強会、自主グループ
  地域：ボランティア、地域サークルなど
  趣味：サークル、友人、たまり場など

では、あなたはそのグループ内でどのようなポジション（立場・地位）にいますか？また、どのような距離感をとっていますか？

　全体のリーダー的位置、三役的位置、小グ

●マズローの欲求5段階説と所属の欲求●

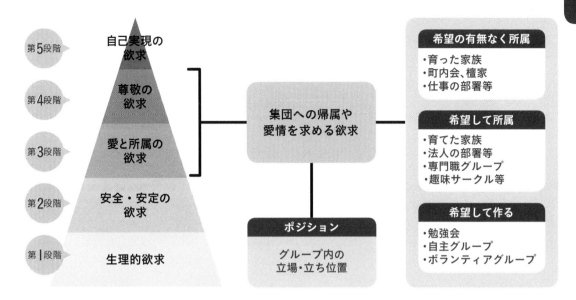

ピラミッド	右側
第5段階 自己実現の欲求	
第4段階 尊敬の欲求	
第3段階 愛と所属の欲求	
第2段階 安全・安定の欲求	
第1段階 生理的欲求	

集団への帰属や愛情を求める欲求

希望の有無なく所属
・育った家族
・町内会、檀家
・仕事の部署等

希望して所属
・育てた家族
・法人の部署等
・専門職グループ
・趣味サークル等

ポジション
グループ内の立場・立ち位置

希望して作る
・勉強会
・自主グループ
・ボランティアグループ

ループのリーダー的位置、一般メンバー的位置、等々あなたの立ち位置次第で、グループへの帰属意識や責任の度合い、忠誠心、愛情、そして所属の意識は異なります。

あなたがモチベーションダウンしているなら、そのポジションとあなたの希望や能力、抱える事情との間に「なんらかの差異」が生まれているからかもしれません。そこを整理して正しく向き合い、取り組むことがモチベーションアップのポイントになります。

ポジショニングをモチベーションアップに活用する

フレデリック・ハーズバーグ（アメリカ：臨床心理学者）が提唱した「2大要因論」はポジショニングとモチベーションの関係にヒントを与えてくれます。

・衛生要因（筆者注：環境要因）：不満を生み出す要因。経営理念、指揮・管理、給

与、人間関係、労働条件、福利厚生、仕事環境など

・動機づけ要因：満足感を覚える要因。達成感、承認、興味、責任と権限、昇進・昇格、成長の自覚など

衛生要因は欲求5段階説の第1段階：生理的欲求と第2段階：安全・安定の欲求です。動機づけ要因は第3段階：愛と所属の欲求と第4段階：尊敬の欲求と整理できます。

ハーズバーグは、衛生要因が仕事や職場に対する不満足を生じさせない予防的な役割を果たせても、所属先で「責任と権限が与えられない、昇進・昇格がない、成長と達成感の自覚がない」ならば、仕事上で動機づけられることはないと説きました。

あなたのモチベーションが低下しているのなら、ポジショニングの視点からこの2大要因のなかで「何が不足しているのか」「何に不満やジレンマを抱いているのか」を整理す

ることで、何に取り組めばモチベーションの向上に役に立つかが明確になるでしょう。

ポジショニングの工夫

あなたがその集団に所属していることが「あなたの価値を守り・高める」要素になっていれば、そこは、あなたにとって大切な「居場所」となり、動機づけ効果も高くなるでしょう。

ところが現実には希望しない所属先、しっくりとなじめない所属先、人間関係があまりよくない所属先も往々にしてあります。

たとえ希望とは異なる所属先であっても、3つの工夫次第で「安心できる居場所」にすることは可能です。

1)「共感・承認できる関係」を作る

共感・承認できる関係になるには、メンバーの仕事ぶりや苦労などを聴き取り、まずはあなたが共感・承認することから始めましょう。自分への共感・承認の前に「相手への共感・承認」を優先すれば相手の承認欲求が満たされ、やがてあなたへの共感・承認となって返ってくるでしょう。

事業所や有志のグループで事例検討会やグループスーパービジョンを開いてみるのもきっかけ作りとしてはよいでしょう。

これらの一連の流れのなかであなたのモチベーションがアップしているのを実感するでしょう。

2)「学び合う・成長する関係」を作る

介護・福祉の専門職、相談援助の専門職に

とって共通する欲求はレベルアップのために「知識を学ぶこと、技術を磨くこと、人脈（ネットワーク）を広げること」です。

学ぶテーマや意欲に温度差はあれ、学ぶこと自体を反対する人はいないでしょう。そこで所属する事業所で学びたいことを提案したり、数人に声をかけて関心のあるテーマで勉強会を立ち上げてみましょう。

また、法人・事業所を越えて学び合いの居場所（例：研究会）を作ってみるのもよいでしょう。興味のある研修会などに参加してそこで仲間集めをするのがもっとも手っ取り早い方法です。3〜5人程度の有志で月に1回集まることならすぐにスタートできるでしょう。

3)「自分らしさ」を作る

所属が「居場所」となるには「自分らしさ」が無理なく発揮できる場所であることが重要です。その自分らしさは、「そうありたい自分」でもいいし、「普段とはちょっと違う自分を楽しむ自分」でも構いません。自らを多少演出するくらいでもよいでしょう。

チームのなかで「仕事用の自分らしさ」を演出するのもよし、趣味サークルや地元のつながりなどでは「ナチュラルな自分」で通す居場所（所属）とするのもよいでしょう。

所属先ごとに「いくつかの顔」を持つことは自分に対する偽りではありません。それは社会的な広い視点と精神的なバランスを作り、自分自身の心を守ることにつながります。

ポジショニングの「3つの注意点」

ポジショニングを活用したモチベーション

●３つの工夫と３つの注意点●

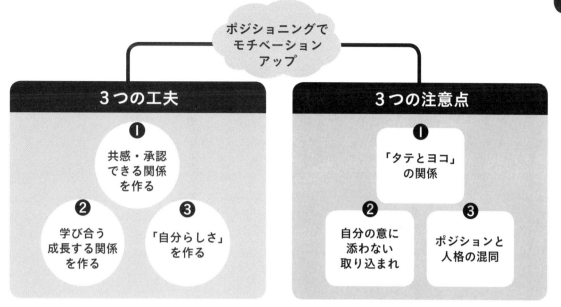

ポジショニングで
モチベーション
アップ

３つの工夫

❶
共感・承認
できる関係
を作る

❷
学び合う
成長する関係
を作る

❸
「自分らしさ」
を作る

３つの注意点

❶
「タテとヨコ」
の関係

❷
自分の意に
添わない
取り込まれ

❸
ポジションと
人格の混同

スキルも「間違った使い方」をすると周囲とのズレや軋轢を生み、マイナスになるので注意しましょう。

①タテとヨコの関係に注意する

仕事の関係の基本はタテです。事業所歴、年齢、資格、立場などが「上」だと、さまざまな気づかいを承認欲求と勘違いしたり、偉くなったような勘違いをしてしまいがちです。これを避けるために家族・地元・地域などのヨコの関係を広げ、**フラット感**（横並びの関係）を意識できできるようにしましょう。また仕事関係でも仕事を離れたら意識的に親しい話し方や態度に変えることでフラットな関係を取り入れることができます。

②「取り込まれ」に注意する

組織のあるポジションを担うことやあるグ

ループに参加することにより「あなたの自律性」が損なわれることがあります。気がつくと、もともとは自分の意に添わない考え方なのに取り込まれてしまうリスクがあります。自分の考えを見失わず、組織やグループと適切な距離感を保つことが大切です。

③ポジションと人格の混同に注意する

組織でのポジションとあなたの人格は「別もの」です。組織のポジションは「役割・立場」です。その立場だからこそ所属の欲求と承認欲求が満たされ、さらにモチベショーンが上がることを意識しておきましょう。

また、あくまで組織としての立場をモチベーションアップに活用するには限界があることを忘れてはいけません。そうであるからこそ、自分が伸び伸びできる「所属＝居場所作り」が大切になるので、チャレンジしましょう。

5 親和動機モチベーション
—— 他者との良好な人間関係を作る

親和動機とモチベーション

デイビッド・マクレランド（米：心理学者）はモチベーション理論には3つの動機づけがあるとし、それを**「達成動機」「親和動機」「権力動機」**と提唱しました。達成動機は、目標を設定、クリア、成功することで動機づけられること、権力動機は、他者に影響力を発揮し、コントロールしたいという動機です。

親和動機とは、他者の注意を引き、支持を得たいという欲求をさします。人と仲良くしたい、チームのなかでうまくやりたい欲求ともいえます。職場の人間関係が良好であると、この親和動機が機能していると受け止めればよいでしょう。

1人では困難な仕事を前にした時、親和動機が機能する職場であれば、自らSOSを出して、チームでの取組みに転化したり、周囲から助け舟を出してもらえるでしょう。それに、そうした困難も一人で解決するより「みんなで解決」したほうが、その後のモチベーションアップにもつながります。

日本の達成動機研究の第一人者である宮本美沙子氏も**周囲からの温かい支援**をソーシャル・サポートとして受けながら人は「頑張ること」を身につけていくと説きます。

また金井壽宏氏（経営学者）は「運動に打ち込む人も、個人競技でさえ、**コーチ、仲間、ライバルとの関係の中でこそ、『頑張り』が生まれる**」と親和動機とモチベーションの関係に着目します。

親和動機のなかには「育てる」ことが含まれ、新人や後輩を育てることに喜びと達成感を覚え、本人のモチベーションアップにつながる重要な要素として位置づけられます。

榎本博明氏（臨床心理学者）は、とりわけ相互協調性を行動規範とする日本人の個人としての行動は他者や周囲の状況の「社会的文脈」のなかで選択され、**他者と良好な関係を築き「社会的役割」を十分に担うことが自尊心につながる**、と親和動機の重要性を指摘します。

これらの指摘からも、私たちは人間関係を整えるだけでモチベーションを上げることができることがわかります。

●親和動機の３つの効果●

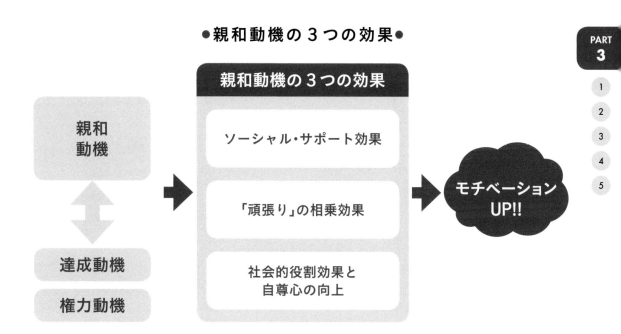

親和動機の３つの効果

- ソーシャル・サポート効果
- 「頑張り」の相乗効果
- 社会的役割効果と自尊心の向上

親和動機 ⇄ 達成動機 / 権力動機 → → モチベーション UP!!

親和動機を高める３つの手法

親和動機は、人と仲良くなりたいタイプの人の特質ですが、そうではないタイプでも親和動機をモチベーションアップに活用することはできます。

親和動機をモチベーションアップに活用するために次の３つを試みてみましょう。

１）サポート（Support：励ます）

実際に声や態度、表情で励まし合う・応援する、困っていることはアドバイスし合うこと、それがサポートです。SNSでメールや画像、動画を交換し合うのもよいでしょう。

定期的な顔合わせ、達成度合いのグラフ化などもよい刺激になるでしょう。頑張るだけでなく、**息抜きの「しゃべり場」**を開き、お互いの苦労やつらさを自己開示することで親密度をぐっと上げることもできます。

２）リメンバー（Remember：思い出す）

かつてチームで頑張ったこと、自分なりに頑張れたことを思い出します。なぜあれほど頑張れたのか、何が自分やチームを動機づけたのか、そのことでどのような成果（成長）が得られたのかなどを、場面と言葉も含めて具体的に思い出します。

例えば、当時の友人や仲間に連絡を取るのもよいでしょう。当時のつらかったことや頑張りを話し合うことで気持ちが再現され、モチベーションが上がることが期待できます。

３）フィーリング（Feeling：察する）

集団の意向や期待、場の空気を非常に気にする**「他者志向性」**は日本人独特です。このため日本人は自分の頑張りを話すことを好みません。一歩間違うと自慢や承認欲求の押し売りだと思われるからです。むしろお互いが頑張っていることを**「察する」**ことを好みま

す。さりげないねぎらいの言葉や気くばりの行動が関係性を最良化します。

人間関係別のモチベーションアップ法

あなたは親和動機が働く人間関係をどれくらい持っていますか？　今、そう思える人がいなくても大丈夫です。これまでの先輩・後輩、同僚、仲間、上司・部下等とモチベーションアップできる関係（モチベーション関係）になることを想定して、新しい人間関係作りに取り組んでみましょう。

1）同僚

事業所や法人のなかで「チームで取り組む」ことにチャレンジしてみましょう。業務上の〇〇委員会より、納涼祭や忘年会、クリスマス会などのイベントなどがよいでしょう。短期間で集中的な取組みでお互いの人柄や意外な一面がわかると親和動機が深まり、やり終えると達成感が生まれます。

2）仲間

専門職のグループや地元の趣味サークルなどの共通のテーマで集まる仲間はモチベーションポイントが重なる部分もあり、**お互いが最良のモチベーター（やる気を高める存在）** になることができます。

専門職なら実践発表会を行う、趣味サークルなら発表会や競技会、イベントになどにチームで参加するのもよいでしょう。そのプロセスで親密度だけでなく技術的にも質の向上を図れ、肯定感を上げることができます。

3）先輩・後輩

先輩・後輩の範囲は広く、法人・事業所、専門職、地元のつきあい、さまざまなサークル活動などがあります。**先輩・後輩の基準は年齢でなく経歴が優先されます。**

先輩との関係作りの基本は**「尊敬」**です。モチベーション関係を築くには、尊敬している点、学んだ点、さらに学びたいと思っている点を素直に伝えます。そして**「成長の進捗状況」を伝える**ことで先輩のモチベーションアップに貢献することになります。

後輩との関係作りの基本は**「育成と応援」**です。モチベーション関係を築くには、本人の成長の評価とともに期待する点を「伸びしろ」として伝えます。また、後輩から学びたいことや一緒に取り組みたいことを伝えることで先輩としての謙虚さを示すことになります。

4）上司・部下

日本はタテ社会であり法人や事業所内では「立場・肩書の差」となります。しかし、介護・福祉の現場は異動も多く、上司と部下の年齢差は多様です。むしろ**「役割分担」**と考えることをおススメします。

上司といえど、部下とは対等性を強調し、対話の形で共感的に傾聴しましょう。それがポジティブな感情を生み、部下のモチベーションを高めます。

また、**命令・指示でなく提案スタイルで問いかけ、気づきを促すかかわり方**で相手の意欲を引き出します。仕事を離れた飲み会などは、親密度を上げるよい機会ともなります。

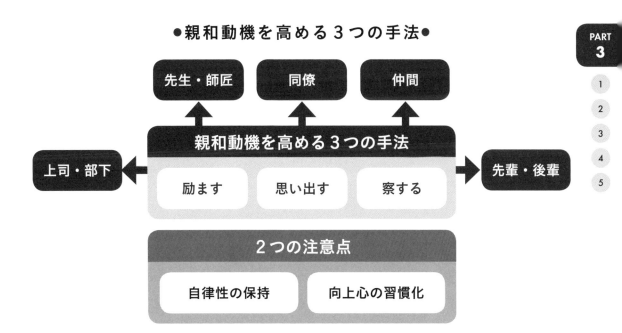

●親和動機を高める３つの手法●

親和動機を高める３つの手法

先生・師匠　　同僚　　仲間

上司・部下　←　親和動機を高める３つの手法　→　先輩・後輩

励ます　　思い出す　　察する

２つの注意点

自律性の保持　　向上心の習慣化

5）先生・師匠

一生涯、モチベーションを高く持って仕事に取り組みたいなら「先生、師匠」と呼べる人を作ることをおススメします。**友人や仲間は切磋琢磨する相手、高見をめざす仲間では**あっても**「頂点そのもの」**ではありません。尊敬する先生や師はあなたのロールモデルです。つらくなった時のモチベーションにもなり、自らの人生を振り返るきっかけを与えてくれます。

ただし、**盲目的に鵜呑みにするような依存・帰依には注意**しましょう。

人間関係モチベーションの「２つの注意点」

人間関係でモチベーションアップを図るのは効果的です。しかし、依存的になったり、関係性を良好に保つあまりに「**同調圧力**」が働いてしまっては個が押しつぶされることに

なりかねません。

①自律性を保つ努力を惜しまない

指示・命令では義務感は生まれても自らが考え責任を持って動く「自律性」は生まれません。

周囲に流されるのでなく、**「私は○○と考える」という自律性**を保つことは真のモチベーションアップにつながります。

②上をめざすことを習慣化する

「水は低きに流れ、人は易きに流れる」という諺のとおり、人は安易なほうへ、ラクなほうへ向かいがちです。せっかく親和動機が発揮されても、目標を下げる、頑張りを抑制するほうに働いては結果は望めません。これを防ぐためにも、常にチームで「ワンステップ上をめざす」ことを習慣化する努力で健全なモチベーションアップをめざします。

6 価値観モチベーション
──「自分らしさ」はパワフルなモチベーション

価値観とモチベーション

私たちは他人と「同じだ。同じでありたい」と願う一方で、他人と「違っている」ことに自己存在感や一種の優越感を覚える時があります。それは個々の価値観としても表れてきます。

私たちは行動する時に必ず「判断と決断」をしています。その軸となるのが「価値観」です。つまり価値観とは**行動基準**（何を第一優先するか）ともいえます。具体的には約120種類近くあります。

価値観に影響を与えているのは性格だけではありません。生活体験や家族を含む人間関係、人生や仕事における成功体験や失敗体験、さらに**仕事や家族のなかでの立場（立ち位置）**なども深く影響しています。

価値観にも優先順位があります。自らの価値観によって行動した結果がうまくいけば自己肯定感が上がります。うまくいかなければモチベーションが下がる（傷つく）だけでなく、大きなストレス（内的葛藤）を生むことになります。

自分の価値観を知ることが大事

それだけ重要な要素であるにもかかわらず、自分の価値観を問われた時、多くの人が戸惑うことでしょう。それは、私たちが価値観に無頓着だからです。普段は気にしていない価値観ですが、実は皆さん1人ひとりに大切にしたい価値観は複数あります。価値観発見シートを使ってみましょう（「私の価値観発見シート」P172参照）。

価値観の領域には次の5つがあります。
・生き方基準　・仕事基準　・生活基準
・モノ基準　　・コト基準

それぞれの領域ごとに私たちの価値観は微妙に異なります。

1）生き方基準

生きていく上で守っている（守りたい）行動基準です。あなたは人生の選択で優先するのは愛情ですか？　それとも夢や自己実現ですか？　人間関係では信用、それとも共感や礼儀ですか？　人生の象徴的な場面（例：進学、就職、結婚）を思い出して、自分の価値

●私たちが大切にしている５つの価値観●

価値観＜考え方と行動基準＞

生き方基準

仕事基準
（ワークスタイル）

生活基準
〈生活信条〉
〈ライフスタイル〉

モノ基準

コト基準

観でどのように判断し、行動してきたのかを整理してみましょう。

なお、これらの価値観は人生経験や年齢のステージで変化します。

＜生き方基準の例＞

信頼、努力、誠実、共生、約束、平和、協力、調和、成長、自己実現、夢、養育、信仰、友情、愛情、尊敬、いたわり、貢献、伝統、健康、自由、収入、健康、挑戦、情熱など

２）仕事基準（ワークスタイル）

仕事上で自分が大切にしている（したい）のが仕事基準です。仕事基準の価値観は、生き方基準とは重ならないことがあると、それがストレスとなります。

チームで働いていると、メンバー間の仕事基準の価値観がそもそも違うことでぶつかったりすることが多くあります。尊重し合うことで失敗も減ってモチベーションが上がり、質の高い仕事が可能となります。

＜仕事基準の例＞

信用、信頼、努力、誠実、協力、調和、成長、自己実現、夢、貢献、収入、挑戦、情熱、尊敬、創造性、貢献、誇り、まじめ、評価、倫理、自立、承認、正確、法令遵守など

これらは立場（役職）や業務（対人支援、組織マネジメント）によっても変わってきます。例えば業務別や立場別に「自分が大切にする価値観３つ」などを決めておくことで主体的に仕事に向かうことができます。

管理職なら、スタッフ１人ひとりの仕事基準の価値観を把握しておくと、マネジメントにとても効果的に活用することができます。

３）生活基準（生活信条、ライフスタイル）

生活基準とは「生活信条、ライフスタイル」と考えればよいでしょう。生き方基準や仕事基準とはまったく異なることも多く、幼少期からのしつけや生活歴・家族歴、憧れや実体験などが反映したものです。

<生活信条の例>

元気に挨拶、いつも笑顔、早寝早起き、石の上にも3年、あきらめない、感謝する、約束・時間を守る、素直で謙虚、健康第一など

<ライフスタイル（生活様式）の例>

シンプルな暮らし方、自然とともに暮らす、大家族的暮らし方、シェアする暮らし方など

　これらを決めておくとモチベーションの低下から立ち直るきっかけにできます。あなたの**心の元気の回復力（レジリエンス）**をアップさせる上で大切な基準です。

4）モノ基準

　私たちは誰もが「こだわりのモノ」を持っています。幼少期からのなじみのモノ、少年・少女期や社会人になってから始めた収集しているモノ（例：ミニカー、お守り、ぬいぐるみなど）、あるいは「○○をするなら〜〜でなければならないモノ」などです。

<モノ基準の例>

ミニカー、お守り、人形、ぬいぐるみ、ペット、食材・調理道具・調味料、衣類、自動車、住まい、家具、調度品、花・観葉植物など

　こだわりのモノを集める・陳列する、買いに行く・語り合うなどを計画する、イメージするなどであなたのモチベーションアップの仕掛けとして使ってみましょう。

5）コト基準

　私たちのこだわりに「コト基準」があります。あなた自身が参加（創作、演奏、ダンス、運動）するコトもあれば鑑賞・観戦するコト、見学・体験するコトまでさまざまです。

　具体的には「プロ野球なら○○、サッカーなら○○」のようなスポーツイベント、「花火なら隅田川花火大会」という季節の恒例イベント、さらにコンサートや演劇・ミュージカルの観劇などの文化イベントなど、年数回〜数年に1回でもモチベーションアップにはとても効果的です。

<コト基準の例>

スポーツ参加・観戦、コンサート、お祭りなどの伝統行事、鑑賞・観劇など

　コト基準は「誰と、いつ、どこで」行うかがポイントです。仕事仲間から家族や友人、知人、趣味仲間ごとにモチベーションが上がるコト基準を持っていることでバランスの取れたモチベーションアップを行うことができます。

価値観を活用したモチベーションアップ法

　さらにモチベーションアップしてひと頑張りするために自分の価値観を自己覚知し、一貫した行動をとる、他者の価値観から考える、時に価値観をスイッチして領域・場面別に入れ換えるなどといった活用ができます。

1）価値観で行動や判断に一貫性をつける

　「あの人は常に協力的だ」「誠実な発言をする人だ」「未来志向の人だ」などの周囲の評価があるのも**行動や判断の軸に価値観がある**からです。迷った時や悩んだ時こそ、自分の価値観を軸にモチベーションアップし一貫した行動（私らしさ）を行うことができます。

●価値観の活用●

❶ 行動と判断に 一貫性をつける

❷ 他者の価値観に スイッチする

❸ 優先順位を 入れ換える

2）他者の価値観にスイッチしてみる

　自分の価値観でない言動や行動をとると自らのなかに**強い葛藤**が生まれます。この時には、**「私はどの価値観に引っかかっているのだろうか」と自分を振り返る**きっかけにしましょう。

　そこでさらに「○○さんならどのように受け止めるだろうか」と尊敬する人や一目置いている人を想定し、その人が持つ価値観にスイッチして考えてみることで葛藤から立ち直るヒントにすることができるでしょう。

3）場面ごとに価値観を入れ換える

　生き方基準や仕事基準、生活基準などおよそ120種類ある価値観ですが、実際に個人が意識しているのは5〜8種類くらいです。そして状況や立場で優先する価値観を決めています。

　生き方基準が「自由、創造性、ユーモア、熱意、感動」でも、仕事基準は「受容、共感、いたわり、協力、努力」の人がいます。領域ごと・場面ごとに決めておき、臨機応変に優先順位を入れ換えることで難局を打開するヒントにすることができます。この手法は相談援助の現場でもすぐに活用できます。

COLUMN　価値観を尊重する効果

　ケアマネジャーのAさんはプライベートでは「自由、愛情」を何より大切にするけど、仕事では持ち前の責任感から「信用、誠実、努力、貢献」がモットーの人。曲がったことが嫌いで医師や事業所と揉めることもあり、さすがにモチベーションが下がることも。でも管理者のBさんの「Aさんのモットーを私はいつも応援していますよ！」のひと言でモチベーションアップ。頑張っての励ましだけでなく、本人の価値観を認めることが大きな力になります。

7 使命感（Mission）
── ミッションは強いモチベーション

「使命感」とはなんだろう？

「使命感」とはなんでしょう？

英訳すれば「Mission」です。いわゆる**「使者として託された命（令）や務め」**（三省堂：大辞林）の意味があり、他に**「自分に課せられた任務を果たそうとする気概」**とされています。「挑むことに価値」を見出すチャレンジ精神とは一線を画し、使命感を抱けることは「人生にとっての**格別な意義と誇り**」を持てることを意味します。

使命感の強い職業として消防士・警察官・医師など社会の安全や安心、生死にかかわる仕事が挙げられます。その点ではケアマネ・福祉職の仕事も日本の福祉に貢献している使命感溢れる職業といえます。

ところが使命感が求められる仕事だからといって高いモチベーションでいつも取り組めているわけではありません。

使命感がなくなるとどうなるのか

ケアマネ・福祉職の抱く使命感の根底には、社会的な弱者、常に弱い立場にある人を守りたいという志がある人が多くいます。子どもや高齢者、障害者に生活困窮者、あるいはDVの被害者といった、何かしらの困難を抱えた人々を支援する社会的に意義深い仕事です。しかし、そんな使命感溢れる仕事に就いても、あなたの仕事が常に使命感溢れる業務ばかりとは限りません。また、使命感が強ければ強いほど、法人や事業所の事情やクライアントの環境、プライベートな事情がマイナスに作用した時に、あなたのモチベーションを大きく低下させてしまうでしょう。

・「このままの仕事ぶりでいいのか!?」
・「私はなぜこの仕事をしているのか!?」

こうした悪循環が続くと、使命感を感じられなくなってしまい、それはあなたの仕事ぶりにストレートに表れてきます。

・「今一つやる気が湧いてこない」
・「仕事はほどほどにやっていればいい」
・「ついつい怠けがちになる」

もともとは強い使命感を持っていたあなたにとって、このような仕事ぶりがずっと続いたら耐えられますか？　あなたはあなたなりの使命感を抱いて仕事をしたいはずです。

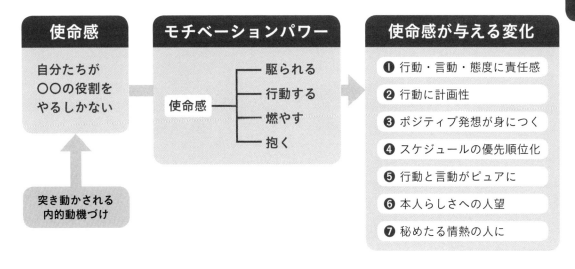

●使命感が持つ強いモチベーションパワー●

使命感

自分たちが
〇〇の役割を
やるしかない

↑

突き動かされる
内的動機づけ

モチベーションパワー

使命感 ── 駆られる
　　　　　 行動する
　　　　　 燃やす
　　　　　 抱く

使命感が与える変化

❶ 行動・言動・態度に責任感

❷ 行動に計画性

❸ ポジティブ発想が身につく

❹ スケジュールの優先順位化

❺ 行動と言動がピュアに

❻ 本人らしさへの人望

❼ 秘めたる情熱の人に

使命感は
強いモチベーションパワー

　使命感は内的動機づけとしてとても意味のある強いモチベーションパワーです。使命感には次の4つの表現がよく用いられます。

・使命感に駆られる

・使命感で行動する

・使命感を燃やす

・強い使命感を抱く

　このように使命感とは、いてもたってもいられない**「突き動かされる内的衝動」**です。たとえ自らの安心・安全な環境が約束されなくても使命感で行動する姿（例：災害時の救援活動、紛争地での医療活動）は感動的ですらあります。

　孤立や孤独などの過度なストレスがかかっても**「自分（たち）がやるしかいない」**とまで思わせる強い動機づけは使命感こそが秘めているモチベーションパワーです。

　では、誰にももともとあるものでしょうか。

　実はプライベートを含めさまざまな経験や体験、人との出会い、人生を左右する根本的な出来事などを通じて**育まれるもの**です。

　相談援助職として確固たる使命感を持っている人もいれば、いまだ持てていない人もいるでしょう。では、私たちに使命感が生まれるとどのような変化があるでしょうか？

1）行動と言動、態度に責任感が生まれる

　責任感とは社会的なものであり、契約関係で生じるものです。本人の納得がなく、一方的な「責任感の強制」は義務感を生むだけでネガティブな感情となります。しかし、使命感からくる責任感は自らが「担う」と決めたことであり、とても**ポジティブな感情**です。

　責任感のある行動（判断、決断含む）や言動、態度は尊敬を集めることになります。

2）計画性が生まれる

　使命感とは**「自らに与えられた何かを果た**

すこと」に支えられています。果たすために
は数か月〜数年、数十年かかることもありま
す。いつまでに何をなすか（目標）を定め、
地道に取り組むためには計画性は必須です。

3）ポジティブ発想が身についてくる

　ネガティブな発想で「できない理由探し」
をしても物事は何も前に進みません。「○○
をなす、○○を担う」という使命感を持って
取り組むことで、**「どのようにすればできる
か（可能性）」** とポジティブに発想する習慣
が身についていきます。

4）スケジュールに優先順位が生まれる

　使命感を持った人は「時間に限りがある」
ことを知っています。自分が成し遂げるだけ
でなく他の人々や次世代につなぐには**「時間
と手間」** が必要だからです。

5）行動や言動がピュアになる

　使命感を持った人は行動軸や判断軸がシン
プルです。先々のことや人間関係に損得勘定
や余計な忖度をしなくなるので**行動や言動が
ピュア**になります。

6）「本人らしさ」が際立ち、人望が集まる

　私たちには常に立場があります。立場には
役割があり、それをやり遂げる忠誠心と使命
感を求められます。しかし、それは仕事上で
あって**「個人の使命感」** と一致しているわけ
ではありません。本人の生き方と使命感が一
致することで「本人らしさ」が強調され、そ
の生き方を尊敬され人望が集まります。

7）秘めたる情熱の人になる

　確固たる使命感を持っている人は声高に情
熱を振りかざしたり、周囲に押しつけること
はしません。淡々としていながら**心の奥に
「熱い情熱」を抱いている人**です。**使命感は
人を謙虚にし、真摯に変えていく**ものです。

使命感をどのように生み出すか

　使命感とは他者から課せられるものでなく
「自発的」 なものです。使命感に上下はあり
ません。使命感をあなたのモチベーションパ
ワーの1つとして上手に活用しましょう。

1）利用者（家族）への使命感

　ケアマネジャーは「なんとかこのクライア
ントの○○な状況を支えたい（変えたい）」
と使命感を持って頑張ったというエピソード
をいくつか持っているものです。

　あなたのモチベーションが下がった時は、
これまで支援したクライアントの言葉や変
わっていく様子を思い出し、さらに当時の自
分に向かって問いかけてみましょう。

・「私はなぜあれだけ頑張れたんだろう？」
・「私が駆られた使命感ってなんだろう？」

2）事業所や法人など組織への使命感

　事業所や法人などの「組織やチームへの使
命感」で頑張った経験のある人は多いでしょ
う。組織にいる限り、人員不足による急な人
事異動、新規事業や事業所への抜擢などで使
命感が求められることも多く、管理者なら尚
更でしょう。使命感を生み出すには、初心を
思い出し、今「自分しかできない・自分だか

●自発的に生まれる使命感●

事業所・法人
家族
地元・地域
利用者・家族
未来への使命感

らできること」を考えてみましょう。

・「私は○○法人にどのような気持ちで就職（転職）したのだろう？」
・「自分しかできない（自分だからできること）ことは何だろう？」

3）あなたの家族への使命感

家族への使命感は誰もが持つ大切な価値観の1つです。仕事上の使命感でモチベーションが上がらない時は、家族への使命感を書き出し行動してみましょう。

・家族のためにできることを考えてみる
・家族の話を聞く・褒める・ねぎらう
・子どもたちの話を聞く・褒める・共感する、将来をイメージする
・家族と叶えたい夢をノートに書いてみる、話してみる
・両親との時間を確保する　など

家族からの感謝のリアクションであなたはモチベーションアップするでしょう。

4）地元・地域への使命感

私たちは、多かれ少なかれ「○○出身」という地元愛を持っています。そこから地元への使命感が生まれ、活動する人々がいます。これと同様に、ケアマネジャーとして訪問する地域が抱える問題（高齢化、過疎化、コミュニティの低下など）の解決に対して使命感が生まれることは貴重です。地元や地域から求められる使命感を意識することでモチベーションパワーに変えることができるでしょう。

5）未来への使命感

40～50代から「将来・未来」への使命感を意識することが多くなります。その背景には**現状と未来への「危機感」**があります。

未来への使命感でひらめいたアクション（例：子ども食堂、子ども支援）をまず身近な所から始めてみましょう。**未来への貢献**はあなたのなかに肯定感を生み、長く持続する深いモチベーションを育てることでしょう。

8 貢献と感謝
── 幸福感を生み出す モチベーション・アクション

「貢献」するとモチベーションアップ につながるのはなぜだろう？

　「貢献」の意味は「役に立つこと」です。具体的には**「自分以外の人やモノ、理念（教義等）のために自分の能力や時間・人脈・資産などを尽くすこと」**とされ、そこには必ず**「他者への尽力」**があります。

　では、なぜ貢献がモチベーションパワーになるのでしょうか？　アルフレッド・アドラー（心理学者）は**他者に対する貢献は幸福になる唯一の道である**とまで述べています。貢献感には**「共同体感覚」**が基礎にあり、他者に貢献できるという自己信頼と相手からの感謝を受け取ることで他者信頼と所属感を満たし、すべての困難から解放すると説きました。

　ボランティアを通して人の役に立っていることを確認し、自らの「生きる意味」を得る。それが承認欲求や存在意義を埋め合わせることになっていると渡辺一史氏も指摘します。**自分の行った貢献が「感謝で戻ってくる」**ことで自己肯定感が得られ、モチベーションがアップするのです。

「感謝」でどうして モチベーションアップするのか？

　感謝とは「ありがたい」という他者への気持ちを表すことです。その対象は身近な人（父母、祖父、祖先、友人、恩人）から優しくしてくれた他人、先輩、上司、同僚、近所の人までさまざまです。

・「ありがとうございます」
・「感謝しています」

　この言葉の冒頭に「いつも、とても、心より」と付け加えるとより深い気持ちを伝えることができます。

　私たちは相手への「貢献」の見返りとして感謝されることを期待します。そして、現実に**感謝されると幸福感を感じる**ことができます。それは、貢献してくれた相手にお礼の気持ちを伝えることで相手の心が上がることを感じられるからです。そして、相手のささやかな貢献に気づけた自分への信頼感を上げることにもつながります。つまり、**感謝するという行為には「相乗効果」がある**わけです。

　実は日本人の精神性の基盤には**「同調性と察すること」**があるために、少しの気づかい

●貢献と感謝の3つの効果●

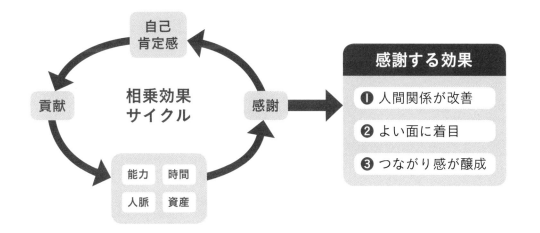

でも感謝で返されると承認欲求が満たされ、相手への親和性が増し、自己肯定感がモチベーションを上げることになります。

〈感謝する効果〉

・感謝の相乗効果で人間関係がよくなる
・相手のよい面に着目できストレス減となる
・つながり感が醸成され幸福感が増す

「ささやかな貢献行動」で持続性あるモチベーションパワーに換える

アドラーは、**貢献感は貢献度で比較されるものではなく自己満足という主観的な感覚でよい**と説きました。

貢献に持続性があるのは、貢献する対象が「変化＝成果」となるには一定の期間が必要だからです。一時の貢献より小出しで長い貢献のほうが社会的評価は高いものです。

貢献を社会貢献という大きななくくりだけでなく、日常生活や仕事のなかでの**「ささやかな貢献行動」**を時間・能力・寄付の3領域

でムリなく実践することで**「貢献と感謝の好循環」**が生まれ、持続性のあるモチベーションアップが可能となります。

1)「時間」で貢献する

誰もがすぐにできる貢献に**「時間の提供」**があります。とかく貢献するためには能力が求められると思いがちです。しかし、それが相手の求めるものではないこともあります。

先方に「○○分を手伝う」ことを伝え、何をしてもらいたいか、は相手に委ねることをおススメします。これだと「一方的な押しつけ」を避けるだけでなく、貢献前と後に2回も感謝の言葉（例：ありがとう、助かります）をもらうことができます。

また、時間を決めることで集中して行うことができます。5〜15分程度を繰り返すことで習慣化でき、持続性が身につきます。

〈誰にも感謝されるちょこっと貢献〉

掃除、片づけ、整理整頓など

2)「能力（できるコト）」で貢献する

ここでの能力とは「今のあなたでできるコト」です。新しい能力を磨いて貢献するにはさまざまな条件が必要ですし、能力を磨くまでに時間もかかります。今のあなたで「役に立てるコト」を考えてみましょう。仕事に限らず、**あなた自身の「できるコト」が相手にとってはとても魅力的だったりする**のです。

〈今できるちょこっと貢献〉

・話し相手になる
・チラシにヘタウマのイラストを描く
・地域行事で楽器を演奏する
・イベントで送迎車の運転をする

3)「寄付（義援金、支援物資）」で貢献する

寄付には義援金や支援物資があります。対象は社会福祉法人やボランティアグループ、NPO団体、国際協力団体、個人まで実にさまざまです。また、フェアトレード（発展途上国の作物や製品を適正な価格で購入すること）での商品購入も社会貢献です。

多忙で時間は割けないけど「寄付」で貢献する。これもささやかなモチベーションアップ手法の1つです。

「感謝」を速効性の高いモチベーションパワーに換える

アドラーは「褒めること」の基本は上から目線であり、1つの評価である一方、**感謝とは貢献への「心の返戻」であり、基本は横から目線である**と説きます。感謝には相手のモチベーションを上げる即効性があります。では、どのような伝え方があるでしょう。

1)言葉にする

「ありがとう」の言葉はすぐに言葉に出しましょう。そして出し惜しみせずに伝えましょう。**日本人はつい「ありがとう」と言うべきところで「すみません」と言ってしまいがち**です。ストレートに感謝の言葉を伝えるのが気恥ずかしいからかもしれません。そういう時は、「恐れ入ります」と伝えて、次に感謝の言葉を続けてみましょう。ゆっくり丁寧に、時には間を空けると、より深い感謝を伝えることができます。

2)文字にする

感謝の言葉を書いた手紙やメッセージカードはとても気持ちが伝わります。たとえ字が下手であっても、手書きのメッセージには味があって、より深く感謝を伝えることができます。

3)態度・行動にする

笑顔は感謝のメッセージです。さらにお辞儀をする、握手をする、手を振るなども感謝を素直に伝えることになります。時には少しおおげさに態度に表すのも効果的です。

4)贈り物をする

感謝を贈り物で返戻するのも1つです。ポイントは相手が喜ぶものであること。感謝の心が伝わるプレゼント選びを通じて、贈り物にこもった感謝の気持ちを汲み取れる感覚を磨くことができます。

●貢献と感謝の「好循環」●

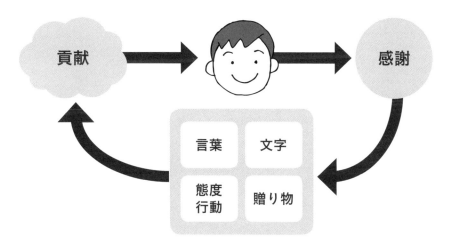

貢献 → 感謝

言葉　文字
態度行動　贈り物

こうして伝えた感謝は相手のモチベーションを上げる即効性がありますが、実は感謝の行為を通して、あなた自身のモチベーションも上がっていることに気づくでしょう。

「ありがとう」というポジティブな言葉がけは、自分に対してもプラスの作用を及ぼします。同様にネガティブな感謝の言葉がけ（すみません）が結果的に自分にもマイナスの作用（すみません＝申し訳ない）を及ぼすことを忘れてはいけません。

文字にしたり、贈り物を選ぶ時間というのは、相手のことを考えている時間です。相手に気持ちを伝えたい、届けたいと一生懸命になること自体、あなたの気持ち＝モチベーションを引き上げていることになります。

そして、笑顔や握手といった行動は、言葉以上にあなたの気持ちを強化してくれます。

貢献と感謝の上手なつきあい方

貢献と感謝は、上手に活用しないとモチベーションダウンしてストレスとなります。

1）目的化しない

「ありがとう」の感謝が目的化してしまうことに注意しましょう。感謝がないことでイライラするなら、それは貢献ではなく押しつけでしかないのかもしれません。

2）自己犠牲にしない

貢献のつもりで始めた行為が「やってあげている」という自己犠牲的な気持ちになると、モチベーションがアップしません。自分を生かす、無理せず楽しく行う貢献行為こそモチベーションアップにつながります。

3）お互いさまを大切にする

あなたが何かの貢献をして感謝がもらえると、今度は相手があなたに何かの貢献をしてくれることが起こります。**「貢献と感謝の好循環」**は職場や人間関係をとても温かいものにしてくれます。つまりあなたも相手や集団も「モチベーションアップ」ではお互いさまの関係であることを意識しましょう。

劣等感パワー
—— 悔しさは最高のガソリン

私たちは「なぜ劣等感」を抱くのか

劣等感とは「**ある基準より自分の〇〇が劣っている時に生まれる負の感情**」です。ある基準とは、テストの平均点であることもあれば成績優秀なA君、あるいは周囲からチヤホヤされるBさんかもしれません。

つまりこの基準＝「**評価軸**」が何であるかが劣等感を考える上でのポイントです。この基準より劣っていることに対して劣等感を抱くわけです。

劣等感を感じることはネガティブなイメージがありますが、**仕事がデキる人、成功している人のなかには劣等感に悩まされた（悩まされている）人が多くいます。**

劣等感は受け止め方によって大きなパワーに変えられるのです。お笑い芸人の山里亮太氏が言うように、**「劣等感は最高のガソリン」**になるのです。

劣等感の「正体」を見つけよう

劣等感はなかなか厄介な感情です。個別性が強く、他人に説明しても、

「そんなことが気になるんだ」
「別に気にするほどのことではないよ」
「まだマシなほうだよ、贅沢だよ」

などとあしらわれることもある、**自分にしかわからない感情**です。

加えて、劣等感の理由が身体的なこと（例：背が低い）だと改善のしようがなかったりします。

同じ条件でもその人が劣等感を抱いてしまう要因は大きく4つあります。

- 性格：ネガティブ思考、完璧主義、理想が高い、嫉妬深い、自己評価が低いなど
- 能力：成績、体格、体力、体調、知識、技術、コミュニケーションなど
- 容姿：身長、体形、体重、表情、声など
- 生育環境：きょうだい・いとことの比較の常態化、経済状況、母子・父子家庭など

これらが原因となって、自己否定、自己嫌悪のスパイラルという**「劣等感ワールド」**に陥ることになります。

深刻なのは「私は〇〇より劣っている」という**ネガティブメッセージ**が無力感を生み出し**「自分は何もできない」**と思い込んでしま

●劣等感の正体●

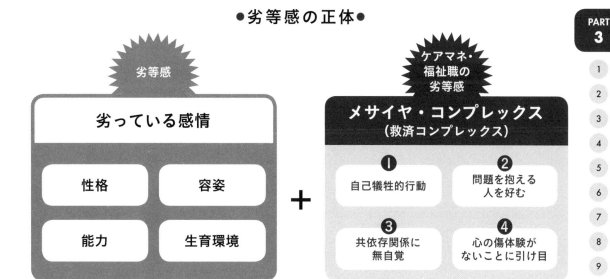

うことなのです。そうならないためにも、劣等感は解消するに越したことはありませんが、うまく活用する方法についても考えてみましょう。

ケアマネ・福祉職特有の劣等感 〜メサイヤ・コンプレックス〜

相談援助職など福祉職に従事する人たちの特徴的な劣等感に「**メサイヤ・コンプレックス**」があります。**救世主コンプレックス**ともいわれ、「他者を助けたい、救いたい、役に立ちたい」と親身に助けよう（救済しよう）とする感情が、実は本人の劣等感から生まれているという考え方です。救う行為は「自分が救われるため」であり、「**他者の救済＝自己救済**」であるという考え方です。

メサイヤ・コンプレックスを強く持つ援助者は、自分自身が過去に助けてもらえなかった「**心の傷体験**」を持っています。過度な悲惨体験から「救われたい、認められたい」と

いう救済・承認欲求と「誰もわかってくれない」という秘めたる孤独感を抱き、次のような行動をとるといいます。

①自己犠牲的な行動をとる

傷つき体験から人への対応はとても優しく、頼まれたことを自己犠牲的に引き受ける（親和欲求）ため、容量オーバーになると「私はこんなに頑張っているのに」と周囲に不信を抱くことになり、さらに周囲から認められないことで過度に劣等感を深めることになります。

②問題を抱える人を好む

問題を抱える人は救済の対象であり、自己肯定と承認欲求の原動力です。問題を抱える人を好み、共感できる自分を**「特別な存在」と自認**しています。さらなる深い問題を抱える人から頼られることに**無上の高揚感**を抱くことになります。

③共依存関係に無自覚である

悩む人がやがて自立する力をつけると、援助側は相手から迷惑がられたり拒否されたりするので自分が否定されたような感覚を抱きます。「まだまだムリだ」「私がいなければ何もできない」という暗示的態度や言葉で共依存関係を継続しようとします。

④「心の傷体験」がないことに引け目がある

メサイヤ・コンプレックスになるほどの「心の傷体験」がないことに劣等感を抱く援助職がいます。身内や友人に障害者や要介護者、貧困、難病、犯罪などの福祉的援助対象者がいないことが共感性などで劣っているのではないかと不安を抱くのです。

劣等感をモチベーションパワーに変える

劣等感をモチベーションに変えるには、どのようにして感情をコントロールし、認知を切り替えればよいでしょうか。

1）劣等感は成長の原動力

アルフレッド・アドラーは**「劣等感は成長の原動力になる」**と説きました。

彼は**「問題が起きた時、原因探しをするよりそのことで得られる目的は何かを考えることが重要」**と指摘しました。「なぜこうなったのか？」ではなく「このことから何を学び、どうやったら改善できるか」と発想を変えましょう。

2）劣等感を「上方比較」に置き換える

なぜ、劣等感があってもそれ自体をバネに

できる人とそれを理由にダメになってしまう人がいるのでしょう。

バネにできない人は、劣等感を感じた時、とりあえず安心したいために「自分より劣った人」と比べ「○○よりはマシだ」と**下方比較して安住する人**といわれます。

一方で「自分より上の人」と比べ**上方比較**、「まだまだだ」「力不足だ、頑張ろう」とモチベーションアップに役立てる人がいます。これが仕事のデキる人の思考です。自分の劣っているところを自己覚知して、そこからスタートできる**（レジリエンス：回復力が強い）**強さを持っています。

3）劣等感は「低温モード」のモチベーションパワー

そもそも劣等感はよくない感情なのでしょうか？　劣等感を抱くことさえよくないことと考える**ポジティブ信仰（行き過ぎたポジティブ思考）はむしろリスクを軽視**する傾向があります。

劣等感があるために不安が強い。しかし、不安はあるけどやるからには失敗したくない。だから用意周到に準備をするならば、これはむしろ**成功への「定石」**ともいえます。

劣等感でいっぱいの時は、なにしろ自己評価が低いので、粘り強くコツコツと取り組めます。多少、予想が外れても落ち込みが少ないのが幸いだったりします。結果、よいほうに向かうことは仕事では往々にして起こることです。劣等感は**「低温モード」のモチベーションパワー**といえます。

●劣等感との付き合い方●

〇〇より劣っている

段取り通りいくかな……

自分にできるか不安……

失敗したくない……

自分は何もできない

だからこそ

上方比較に置き換え

成長の原動力

成功への「定石」

心の傷体験を昇華

悲観的シミュレーション

自己満足第一

4）悲観的シミュレーションは才能である

防衛的悲観主義（J.K. ノレム、N. キャンター）という考え方があります。過去の実績はポジティブに評価をし、**将来の実績はネガティブに期待をする**という考え方です。

「あの時はうまくいってよかった。でも今度の〇〇はそううまくいくとは限らないよ」と常に楽観視はしない姿勢です。

これは**「最悪の事態」を悲観的にシミュレーションしてから取り組むプロセス**を踏みます。つまり**「積極的に（前向きに）不安がる」**ことで慎重な予測を立てることを重視することになります。おかげで事前に対策を練ることができます。極論すると**「ネガティブなままのほうがうまくいくタイプ」**なのです。

5）評価でなく「自己満足」ファースト！

劣等感は「比較」から生まれます。評価が低いと落ち込み、高いと気分が上がります。

しかし、評価とは一過性のものです。たまたまタイミングがよかった、運があったということもあるでしょう。

つまり**評価されたい・認められたいという意識を持つこと自体が劣等感の温床**なのです。

ですから他者の評価でなく「**自分の満足度第一**」で取り組めば他者との比較から生まれる劣等感から自由になることができます。

6）「心の傷体験」を語り、昇華する

「心の傷体験」を抱き続け、自分自身を慰撫する自己愛（ナルシスト）に浸っていることはケアマネ・福祉職としては健全とはいえません。内的に反芻するのでなく、スーパービジョンなどを通じて心の傷体験をスーパーバイザーに語ることにより自己覚知し、やがて**自分のなかで昇華される（整理される）**ことでモチベーションの原動力とすることができます。

10 アンガーパワー
── 怒りをモチベーションパワーにする

私たちはなぜ「怒る」のだろうか

「怒り」とは第二次感情といわれ、第一次感情と呼ばれる**「恐怖、不安、不満、後悔、落胆、諦め、哀しみ、罪悪感、むなしさ」が限界を超えた時、怒りの感情が生じます**。だから何かに怒っている時、「私は何にどのような感情を抱いているのか」を振り返り、根本にある感情を探ることが大切です。

例えば、子どもが遅くまで帰ってこなかったりすると、そのせいで不安と恐怖を感じた親は子どもを「こんな時間まで何をしていたの！」と叱ります。これは、不安と恐怖が怒りへと変化し、子どもにぶつけられたものです。あるいは、高齢の父親の物忘れが激しくなり、約束を守れなかったりすると、落胆や哀しみが溜まり、それがいっぱいになると、「どうして守れないの！」と怒りを父親へぶつけることになります。

このように「怒り」には、不安や恐怖、落胆や哀しみの感情がベースとなっています。

では私たちはどのような時に怒るのでしょうか。大きく6つの場面が想定されます。

① 信頼や信用、愛情、約束が裏切られ、ないがしろにされたことに怒る
② 不当な暴力・暴言から自分や守るべき人や組織を防御する時に怒る
③ 不本意な扱い（差別、えこひいき）に反抗心や反逆心から怒る
④ 公的な場で侮辱・屈辱を受け、自分や組織の尊厳や人格を傷つけられたことに怒る
⑤ 社会的倫理を踏み外す行為（犯罪・違法行為含む）に対する正義感から怒る
⑥ 劣等感を乗り越えられない自分に怒る

これらの環境に置かれた時、私たちは「怒り」という感情を使って対応をします。

「怒り」とはまともな感情であり、とてもパワフルである

怒りの感情はネガティブな印象を持たれがちです。しかし、実は**まっとうな感情**だと考えることが大切です。

なぜならば前述の6つの場面に置かれた時に怒るという感情を持てなければ抵抗することもなく、いいようにされて過度なストレスを抱えてしまうからです。

●第１次感情と第２次感情●

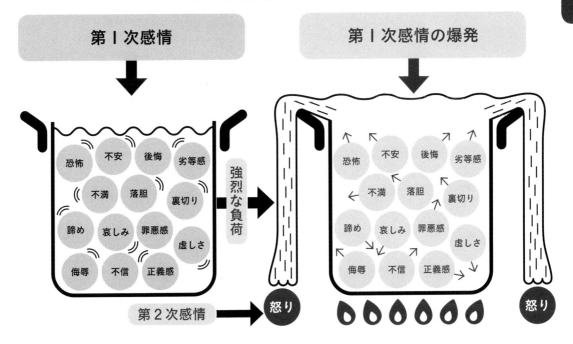

第１次感情

第１次感情の爆発

恐怖　不安　後悔　劣等感

不満　落胆　裏切り

諦め　哀しみ　罪悪感　虚しさ

侮辱　不信　正義感

強烈な負荷

第２次感情　→　怒り

恐怖　不安　後悔　劣等感

不満　落胆　裏切り

諦め　哀しみ　罪悪感　虚しさ

侮辱　不信　正義感

怒り

　今の時代は「怒ること」は格好悪い、空気を読むのが大事、褒めて、承認することが一番というムードがあります。怒っているのにその感情を抑制することは**「歪んだ同調圧力」**に屈したともいえ、強烈な負荷を心に与えてしまっていることを知る必要があります。

　怒りの感情はとてもパワフルです。モチベーションパワーとして使いこなすには４つの特徴を理解しておきましょう。

・強度が高い：相手が強力・強大であっても向かっていくだけの強い衝動を起こさせる動機づけがある

・持続性が高い：数年〜数十年経過していても怒りの感情は「恨み」となって持続する

・頻度が高い：似たような場面になると必ず怒りの感情が湧き、そして１つの怒りが次の怒りを生むという連続性がある

・攻撃性がある：他人に向かえば暴言・暴力、モノに向かえば破壊行為、自分に向かえば強度なストレス源となる

　このような怒りの感情ですが、個人差が大きいのも特徴です。何に怒るのか、どのレベルになったら怒るのか、怒るとどのようになるのか、いつまで怒りが持続するのかは個人差が大きいので、自分の価値観や性格・体調、こだわりなどを整理しておくと怒りをコントロールする時にとても役に立ちます。また、第一次感情が限界を超えると、第二次感情の怒りが芽生えることを踏まえて、**自分の怒りの境界線**を押さえておきましょう。

「怒りの衝動」をコントロールする

　怒りの感情のやっかいなところは**周囲に「伝染する」ほど強いパワー**を持つことです。

なぜでしょう。その理由はとても簡単です。怒りを抱くと私たちは無意識のうちに**「不機嫌な表情・不機嫌な態度・不機嫌な声」になる**からです。日本人のコミュニケーションは「理解すること」より「察すること」を重視します。だから容易に周囲に伝染し、不穏な空気が醸成されます。

しかし、怒りをまずは抑制しないとそのままではモチベーションパワーには強すぎます。「手がつけられないくらいにキレてしまう（癇癪、逆上、激高、激怒、剣幕）」のだけは避けないといけません。つまり**クールダウン**をする必要があります。では、コントロールする上でのポイントはなんでしょう。それは怒りの衝動は持続性が短く、怒りにもレベルがあるということです。

PART 1の「ストレスに向き合う（P22）」のなかでも触れましたが、怒りをコントロールする9つの技法があります。

> 1）自分が信じる「べき」を書き出しておく
> 2）「怒りの境界線」を知っておく
> 3）「怒りのトリガー」を見つける
> 4）イラっとしたら「6秒」を数える
> 5）「怒りの温度計」でレベルチェックする
> 6）怒りを抑える「魔法の言葉」を口ずさむ
> 7）自問自答する
> 8）ブレイクタイムをとる
> 9）怒りをアウトプットする

これらの作業をするだけで、ムダにイライラすることが減り、怒ることが上手になります。コントロールができたら、今度はそれをモチベーションパワーに変えるアンガーマネジメントを行います。

怒りはモチベーションパワーになる

怒りにはとても強いモチベーションパワーがあります。衝動を抑えてクールダウンしたら、あとは**モチベーションのガソリン**として使いこなしましょう。

怒りの感情が**「万能感情」**と呼ばれるのは、その時の楽しい・嬉しいというポジティブな感情を一掃させるだけでなく、不安や戸惑い、哀しみ、恐れなどのネガティブな感情までもゼロにしてしまうほど強力だからです。

また、脳科学者の中野信子氏は**怒りの感情は、"闘うホルモン"**であるアドレナリンを分泌させるので、脳と体に次のような変化をもたらすと説きます。

・心拍数・血圧・血糖値が上昇する
・注意力が高まる
・痛覚を鈍くする
・瞳孔が拡大する
・身体が興奮状態になる
・集中力が高まる
・やる気や意欲が高まる
・記憶力が高まる
・ストレスの耐性が高まる
・アドレナリンが分泌される

さらにここで4つの特徴（強い、持続する、頻度が多い、攻撃性がある）をポジティ

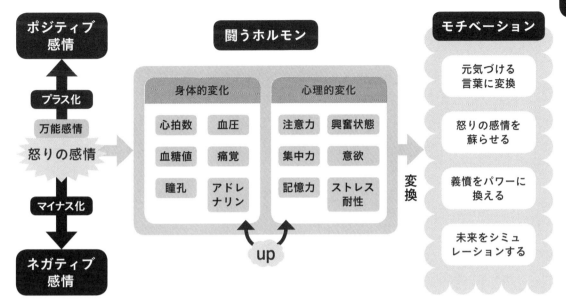

●アンガーパワーとモチベーションパワー●

ポジティブ感情

プラス化

万能感情

怒りの感情

マイナス化

ネガティブ感情

闘うホルモン

身体的変化
心拍数　血圧
血糖値　痛覚
瞳孔　アドレナリン

心理的変化
注意力　興奮状態
集中力　意欲
記憶力　ストレス耐性

up

変換

モチベーション

元気づける言葉に変換

怒りの感情を蘇らせる

義憤をパワーに換える

未来をシミュレーションする

ブに解釈しなおすと、次のように読み換えることができます。

・モチベーションが強いので**小出しにしてエネルギー源として使える**

・モチベーションを数か月〜10数年間以上も持続させることができる

・頻度を細かくすることでモチベーションに連続性が生まれる

・モチベーションに変換することで、「人間関係、暮らす環境、生活習慣や仕事習慣」を変えるパワーにできる

これらのポジティブな行動は楽しみや喜び、不安や悲しみの感情ではなかなか生まれません。社会的に成功している人、社会貢献活動をする人のなかに、幼少期に貧困だった、小中高でいじめられっ子だったなどの人がいるのは、**貧困やいじめに対して「強い怒り」を抱く経験**があったからかもしれません。

怒りはいっときの感情だけでなく、本人の人生を貫く「生き方」にもなりうるのです。

「怒りの感情」で
モチベーションアップ

「怒りの感情」は怒りの矛先を変え、上手に使いこなすことでモチベーションアップに活用することができます。

①自分を「元気づける言葉」に変換して
セルフトークに使う

自分に「元気づける言葉」「前向きな言葉」をかけてモチベーションを上げる方法です。落ち着きを取り戻す「魔法の言葉」とは異なり、こちらは**「気持ちを奮い立たせる」ためにかける言葉かけ**となるのです。

失敗や後悔した時に落ち込んだり、劣等感を抱くだけでなく、自分の情けなさやふがい

なさ、条件や環境の不都合さなどにしっかりと怒ります。それを「何くそ、やるぞ！」と怒りを爆発させる言葉かけをすることで、自分の気持ちに強烈な動機づけを行います。

・こんなことに負けてたまるか！
・○○を変えるために頑張るぞ！
・○○さんのために頑張るぞ！
・何を落ち込んでいるんだ！　頑張れ！
・まだまだ大丈夫だ！　いくぞ！

　活躍するアスリートたちは、ミスした時や試合の流れが悪い展開の時でも、このような**ポジティブ・セルフトーク**で気持ちを何度も奮い立たせて勝利を勝ち取るという作業を行っています。

②腹が立った言葉、悔しい瞬間を思い出し、怒りの感情を蘇らせる

　怒りには数十年間も続く持続性があります。自分の気持ちが負けそうになってモチベーションがダウンしている時に、かつて、自分が大嫌いだった人や尊敬できなかった人からかけられた腹立たしい言葉や自尊心を傷つけられた態度、屈辱的だったことを思い出します。その時の怒りを蘇らせ、「絶対に許せない、負けないぞ！」と「怒り」をモチベーションパワーに変えます。

③社会的環境への義憤をパワーに換える

　自分にかかわることで怒っても、怒ったままで何もしないことはよくあります。やがて、怒るより**「反省のモード」**に入って、「自分が我慢すればいいんだ」「たまたまだったんだ」「自分にも責任があるから」と怒り

の感情をなだめる・折り合いをつける行動をとりがちです。

　しかし、クライアントが置かれた状況の不条理さや各種の制度の矛盾、サービス事業所や行政の誤った対応に腹を立てる**「義憤」**であればどうでしょうか？　クライアントのためとなれば、大きなパワーになり得ます。そこで、その怒りの感情を仕事に対するモチベーションアップに使います。そして、周囲に発信し共感の力を得ることで怒りの感情をさらにパワーアップさせることができます。

④長期的なゴール、日々取り組むこと、仕組み作り、環境作りを書き出す

　怒りの感情から得られるモチベーションパワーは**「初動の動機づけ」**です。3年先、5年先、どのようになっていたいか、をシミュレーションします。ゴールが決まっていれば目先の怒りに振り回されることは減らせます。

　めざすゴールと仕組み、環境、毎日の取組みを書き出し、日々実践します。小さな成功体験でも自分にOKを出すことでやる気を継続させ、自己肯定感を持続させましょう。

相談援助で活用する
アンガーマネジメント

　相談援助の現場でクライアントの怒りに向き合うことは多くあります。アンガーマネジメントの手法を次のように活用しましょう。

①クライアントの「怒りのパターン」をアセスメントする

　クライアントの不機嫌さや怒りは**「感情の**

●アンガーマネジメントを支援に活かす●

クライアント支援に活用する

❶ 「怒りの世界」を
アセスメントする

❷ 「愚痴」
（小さな怒り）
を聴く

❸ 「許せる境界線」
「怒りの点数化」
を提案する

表出」です。怒りの言葉だけでなく声音や表情、態度、動作に表れます。クライアントの怒りの感情を汲み取り、本人が発した怒りの言葉を声に抑揚をつけて繰り返してみましょう。また言い換える、要約するという作業も試みましょう。

　そして対象（相手）、タイミング、怒りの原因などを把握します。クライアントのこだわり（大切にしていること）や価値観、性格、生活歴や家族歴、近所との関係などを知るチャンスであり、今の体調や心身の状況を知るきっかけになります。

②クライアントの「愚痴」を聴く

　愚痴を傾聴するとクライアントは話しているうちに感情を整理することができます。愚痴は「**小さな怒り**」です。大きな怒りにならないためのアンガーコントロールとして位置づけます。そのときも反復・要約・共感の技法を使いましょう。

③「許せる境界線」と「怒りの点数化」を
　提案する

　誰もが「**許せる境界線**」を持っています。クライアントが「どこまでなら許せるか、どのことなら許せるか、誰なら許せるか」を聴き取ります。このやりとりを通じてクライアントが自分の怒りを客観視できようにします。

　次に腹立つ事柄をゾーン分けします。

・許せるゾーン

　（例：間違いだった、謝罪した）

・まあ許せるゾーン

　（例：注意すれば改善した、居直った）

・許せないゾーン

　（例：侮辱した、差別した、居直った）

　怒りの感情は見えません。見える化するために「**怒りの感情のスケール化**」をします。10点満点を「**怒りの天井**」として、クライアントなりの目安を一緒に作りましょう。これをやっておくと「今の怒りは点数にすると何点になるのだろうか？」とクライアント自身も客観的に把握することができます。

11 セルフ・コーチング
──「未来志向」でモチベーションアップ

コーチングをモチベーションアップに活用する

モチベーションは「コトを始める（取り組む）時の"**心のエンジン**"」です。しかし、目的地も決まらず、何をやりたいかも曖昧なまま、使えるノウハウや資源・人脈も整理されていないままに、とにかく「何かを始める」だけでは、エンジンも空回りしてしまいます。時には勢いも大事ですが、無理な勢いで進めてもストレス過多となるだけです。

モチベーションが高くても、空回りして暗中模索に陥ることがあります。まずは、めざす目的地を決め、その目的の達成が自分の人生にとってどのような意味があり（意味づけ）、どの人脈や資源を使えばよいか、どこから取り組めばよいか、その**ロードマップ**を示し、動機づけてくれる手法として「コーチング」はとても役に立ちます。

コーチングの基本は未来志向

コーチングの語源は、**人を望む目的地まで連れていく「馬車（Coach）」**のことです。つまりコーチングとは**クライアントの目標達**成を「**支援**」する手法となります。

混同されがちなものがあります。**「カウンセリング」**は精神科医などが行う心理的治療（療法）です。**「コンサルティング」**はコンサルタントが解決策の提示を目的とします。

コーチングの基本は、コーチとクライアントが**「対話」**を重ねることを通して、クライアントが目標達成のために必要なスキルや知識、考え方・姿勢を備え、行動に移すことを**「未来志向」**で支援します。

ですから目標設定も行動の動機づけも達成に向けた行動もすべて本人が行えるように支援します。つまりコーチングは、**「答えは本人のなかにある」**を原則とし、本人のなかの可能性に着目し動機づける支援ともいえます。

コーチングの基本的な2つの手法

コーチングの基本的な手法は**「傾聴と質問（問いかけ）」**です。利用者（家族）の相談援助や接遇で行うものとは異なります。あくまで相手は本人です。「目的達成の支援」のための傾聴と質問なのです。

●コーチングとセルフコーチングの対比●

①傾聴

　自然体で音や声が耳に入ってくる「聞く」（hearing）ではなく、**相手に意識を向けた「聴く」**（listening）を行うのがコーチング的傾聴法です。

　基本は共感的な態度で聴きながら相手の「承認欲求」を満たします。そのために、相手の話を積極的に聴き取る**アクティブ・リスニング**を行います。「繰り返し、あいづち、うなずき」の３要素で構成されます。さらに声に抑揚をつける、間をあける、なども大切なノウハウです。

②質問（問いかけ）

　コーチングでは**「引き出すコミュニケーション」が基本**です。それを質問という手法で行い、質問には３つの効果があります。

・考える機会を作る

　「どうやればよいと思いますか？」の問い

かけで本人は考え始めます。

・将来の夢や目標を語るチャンスが生まれる

　将来の夢や目標は自分から話すのは控え目になりがちです。だからこそ、質問されることで意識するのを控えていた将来の夢や本音を語ることができます。

・仮説質問で動機づける

　やりたいことや将来の夢があってもさまざまな条件や事情で諦めてしまうことがあります。「もし仮に〜〜だったら、何をやりたいですか？」と仮説質問をされることで**前向きな気持ちを動機づける**ことになります。

セルフ・コーチングで
モチベーションアップ

　コーチングは「コーチ対クライアント」の関係が基本です。相手がいて、自分がコーチされるか、コーチをするかの違いはあります。自分のモチベーションを上げる際に、い

つもコーチがいるとは限りません。またコーチとの相性もあるので、おススメは、いつでも自分自身をコーチングする「セルフ・コーチング」です。

やり方はシンプルです。あなたのなかにコーチ役としての「もう1人の自分」を作ります。そして将来の自分に向かって背中を押すために「未来志向で行動につながる質問」によって動機づけを行います。そのプロセスであなたはモチベーションアップできることでしょう。

①4つのメリット

メリットは次の4つです。

- いつでも、どこででもできる
- コーチとの相性を気にしない
- 自分の秘密を守ることができる
- 費用がかからない（無料）

②4つのデメリット

デメリットは次の4つです。

- 目標の設定が低く or 高くなりすぎる
- 意表をつく質問がなく幅が狭くなりがち
- 不定期になってペースが取りづらく、期間が空く
- 受容・承認の欲求が満たされない

セルフ・コーチングを
始める準備をしよう

セルフ・コーチングを始めるには「一人になれる時間と空間」を確保します。集中できるならカフェや電車のなかでも可能です。時間は10分程度を目安にします。

ストレスフルだったり睡眠不足、疲労困憊な時は避けましょう。よい成果は期待できません。瞑想を取り入れたマインドフルネスなどで精神状態を落ち着かせて始めます。

手元にノートかスマートフォン（ノートアプリでも可）を準備し、まず質問を書き、次にその質問を声に出し、心に浮かんだことを具体的に書きます。自分のなかにイメージが広がりやすいように土地や建物、個人などは実名で盛り込むことをおススメします。

セルフ・コーチングで
「効果のある質問」

コーチングにはどのようなテーマや状況にも効果的に当てはまる普遍的な問いかけがあり、それを「ユニバーサル・クエスチョンズ」と呼びます。そして特定のテーマや状況にしか使えない質問を「スペシャル・クエスチョンズ」と呼びます。

資料編の「セルフ・コーチング質問シート（P170）」を使ってやってみましょう。

セルフ・コーチングで
「陥る罠」に注意！

「セルフ・コーチング入門」（本間正人・松瀬理保著）では自問自答で進めるセルフ・コーチングだからこそ陥りやすい5つの罠（5つの回路）を示しています。

「陥るまい」と思うとかえってずっぷりとはまることもあります。気づいたら「これは○○回路だ」と思って「建設的な質問」を問いかけて抜け出すことをおススメします。

●セルフ・コーチングで「陥る罠」と解決法●

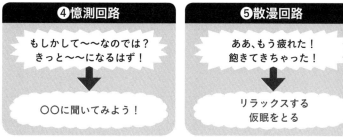

①なぜなぜ回路

自分の状況に対して「なぜ〜〜なの？」「なぜこんなふうに考えるんだ」と根拠を探す問いかけは自省をあおるだけです。

「今の自分の強みはなんだろう」とプラス材料に着目する問いかけに変換しましょう。

②ぐちぐち回路

つい仕事や周囲を愚痴っぽく「○○さんのせいだ！」と責めてしまうのは、自分を正当化する回路といわれています。言語化することで気分はいくぶんスッキリしても、後で無力感に襲われ余計につらくなることも。

「今できることは何だろう？」と可能性に着目する問いかけをしてみましょう。

③心配回路

慎重だからこそ不確定な要素を先取りしてしまい、余計な不安を抱えてしまう人が陥りがちな回路です。「失敗したらどうなるか？」を想定するのはリスクマネジメントとしては大切なことですが、一歩踏み出す際のブレーキになる場合もあります。

失敗を恐れてクヨクヨするくらいなら、**極端な結果**（例：クビになる）を想定して、**「これくらいなら大丈夫だ」と心の準備をする**のも１つでしょう。

④憶測回路

自問自答していると余計な思い込みや勘違いが影響してマイナスの憶測で先入観を抱いてしまう場合があります。

知っている事実のみに着目し、**「必要な判断ができる情報をどうやって収集するか」**を考えましょう。

⑤散漫回路

集中力はそれほど長く続くものではありま

せん。つい気が散って他のことを考えたりしがちです。その場合は、**質問をもう一度書いてみたり、繰り返し声に出してみましょう。**仮眠を10〜30分程度とることも効果的です。

WISDOMモデルでモチベーションアップ

コーチングの基本アプローチには「GROWモデル」があります。5段階の問いかけで目標達成に至るまでを支援します。

> 1）Goals（ゴールを決める）
> 2）Reality（現状を把握する）
> 3）Resource（資源を探す）
> 4）Option（方法を選択、創る、計画する）
> 5）Will（意志の確認、計画の実行）

前述した「セルフ・コーチング入門」では、コーチはいませんから、まずは意志を確認するところからスタートし、習慣化までを視野にいれた「WISDOMモデル」を提唱しています。

> 1）Will（志を立てる）
> 2）Image（成功のイメージを描く）
> 3）Source（エネルギー源を探す）
> 4）Drive Map（成功までの地図を描く）
> 5）Operation（行動に移す）
> 6）Maintenance（習慣化させる）

プロセスごとに自分に問いかけて、心がワクワクしてくる瞬間を大切にします。注意したいのは義務感や責任感です。「〜するべき」という気持ちには無理があり継続しなくなるからです。

1）Will（志を立てる）

これはGROWモデルの「Goals」にあたります。自分に問いかけましょう。

・私はどのようなケアマネジャーになりたいのだろうか？
・私はどのような人間（親）になりたいのだろうか？

次に**「そのことにどのような意味があるのか」**、その「そもそも」をとことん考えます。

・それを通じて私はどのような価値を実現しようと思っているのか？
・どのような意味があるのだろうか？

この時、**「よし、やるぞ！」と心からの思いが湧いてくるかどうか**を確認しましょう。

2）Image（成功のイメージを描く）

アスリートが勝利インタビューをイメージトレーニングに取り入れているように、**成功のイメージによってモチベーションを高める**ことができます。

そのカギは「具体的であること」です。ぼんやりと描くのではなく固有名詞まで具体的にするのがイメージ化のコツです。

そして、自分だけでなく、事業所や仲間にとって、クライアント（家族）や社会にとってどのような意味があるかを具体的にイメージします。

●WISDOMモデル●

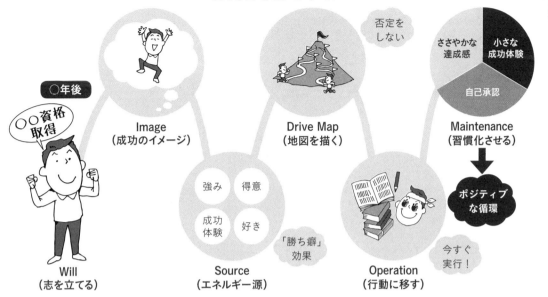

Will（志を立てる） ○年後 ○○資格取得

Image（成功のイメージ）

Source（エネルギー源）
強み　得意
成功体験　好き
「勝ち癖」効果

Drive Map（地図を描く）
否定をしない

Operation（行動に移す）
今すぐ実行！

Maintenance（習慣化させる）
ささやかな達成感　小さな成功体験
自己承認

ポジティブな循環

3）Source（エネルギー源を探す）

　セルフ・コーチングは孤独です。だからこそ、成功イメージを共有でき応援してくれる人をエネルギー源として用意しましょう。

　そしてこれまでを振り返り、自分の強みや成功体験、得意、好きをエネルギー源にします。少しでもうまくいったことは心のなかでガッツポーズを取り、**「私はできるんだ」と心のなかで「勝ち癖」**にしていきます。

4）Drive Map（成功までの地図を描く）

　ゴールまで、どの道筋でどれくらいの期間とパワーをかけて進むのか、を具体的に描きます。この時のポイントは従来のやり方に固執しないこと。これまでやったことのないやり方を含めてさまざまな手段を考え、選択肢を増やして、そのなかからもっとも適切な方法や道のりを選択するようにします。

・これまで試したことのないやり方は？

・もし○万円（１週間○時間）をかけるならどのようなやり方があるか？

　選択肢を増やす作業は**「否定をしない」、１人ブレインストーミング**がおススメです。

5）Operation（行動に移す）

　自動車も初動の動き出しにもっともパワーを使います。「ついつい」の先延ばしが常習化しないように**「今すぐ実行！」**を習慣にします。声に出すのもよいでしょう。

6）Maintenance（習慣化させる）

　習慣化には、**ショートゴール（短期目標）を設定**する、小さな成功体験・ささやかな達成感があれば自分にＯＫ（自己承認）を出すなどの心理的サポートは重要です。

　わずかでもやったことを褒めることで、**自らのなかにポジティブな循環を作る**ことです。それが習慣化への近道なのです。

12 興味・関心パワー
——「知りたい」「わかりたい」で動機づける

たまらなく「興味・関心」が湧いてくるならそれがモチベーション

ケアマネ・福祉職は多様なタイプのクライアントにかかわります。普通であれば出会えない職業や生活歴の人、独特の価値観や性格の人、難病などの疾患を抱えた人、深刻で複雑化した家族と向き合います。

一般的に支援困難と呼ばれるケースでは、かかわればかかわるほど、支援することの難しさに皆さんのストレスは溜まっていくいっぽうでしょう。

しかし、視点を変えるとモチベーションアップの機会を提供してくれているともいえます。その視点が「興味・関心」なのです。

「興味」とは、ある対象について**主観的に知りたい気持ち**です。「関心」とは、**全体的に理性的に注目したい姿勢**です。そして、個別・全体に関係なく、知らないこと・珍しいことをとにかく知りたい気持ちが「**好奇心**」です。不謹慎な意味でなく相談援助の仕事でモチベーションアップを図る手法としてクライアントへの「興味・関心」を活用することも1つと私は提案します。

私たちはなぜ「興味・関心」を抱くのか

3～5歳になった頃から、子どもたちは親に「○○なのはなぜなの？」と質問攻め（通称：**なぜなぜ攻撃**）をして悩ませます。

説明をしてもなかなか納得してくれず、ようやくわかったら次の「なぜなぜ攻撃」が始まります。

これは、新しい情報を理解するだけで終るのではなく「自分には知らないことがあるんだ」と自覚し、新しいことへの興味がさらに湧いて**疑問が自動増殖される**からです。

この法則は大人の私たちにも当てはまります。**既存の知と新しい知の差が大きいほど強い好奇心を引き出します**。私たちがいてもたってもいられなくて「調べる、探す」という探索行動と「見る、聞く、嗅ぐ、触れる」などの認知行動を起こすこと自体にモチベーションアップのヒントがあります。

「興味・関心」は学習法では最高のモチベーションを持つ

学習方法としては、教師が教える**教授学習**

●「教えてもらう」学習から「気づき・学び」学習へ●

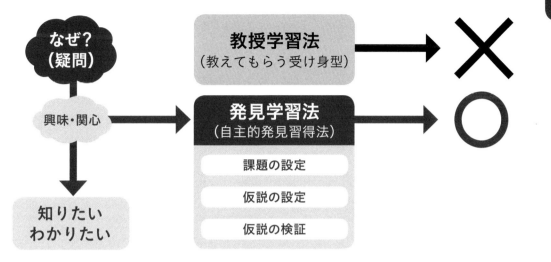

法（受容学習）が代表的で、小中高校の勉強法はこれが基本です。大学や専門学校、現任研修の基本も教授学習法のため、皆さんの学び方は「教えてもらう」という受け身型になっています。受け身型は「わからない」と置いてきぼりになって、ますますわからなくなるだけでなく、自主性が育たないと問題視されてきています。

そこで注目を集めているのが興味・関心と好奇心を引き出し学びのモチベーションを上げる**「発見学習法」**です。これは教師の説明だけでなく、**自らの発見を通じて習得をめざすもの**として高く評価されています。

・課題の設定…「なぜ？」と問題意識を持つ
・仮説の設定…「もしかして〜だったら？」と仮説を立てる
・仮説の検証…事実と実践を照合しながら検証する

モチベーションアップを図るには、かねてから気になっていてわからないままのテーマなどを掲げ、少人数グループで学ぶという方法を事業所や勉強会でチャレンジしてみるのも効果的です。

「興味・関心が強い人」の特長から学ぶ

興味・関心が強い人とは、ある狭い範囲の知識を極めるオタク的な人だけをいうのではありません。感性がユニークで人生や物事にとても前向きなところを持っています。モチベーションアップのヒントにしましょう。

①新しいものが好き

興味・関心が強い人は「新しいもの好き」です。単に飽きっぽいのではなく、流行に敏感で視野が広く、興味が湧いたらトコトン調べる、その姿勢を真似てみましょう。

②思うままに行動する（シンプル志向）

自分なりに「面白そう、知りたい」と思っ

たら即行動するフットワークの軽さが特長です。まずは「調べる」ところから始め「行動」につなげていきましょう。

③いつも刺激を求めている

興味・関心とは**知的刺激**です。旅行先もよく知られている場所でなく、「知る人ぞ知る場所」をめざしたりしてユニークです。あなたもこれまでやりたくて控えていたことに「ちょっとチャレンジ」する気持ちでやってみると新たな発見があるでしょう。

④ポジティブ思考である

何事も「面白い」と思えることが興味・関心の強みです。それは**つらいことも「１つの体験」**と切り換えられるからです。これまでの嫌だった体験を振り返り、「あえて学べたこと」を客観的に書き出してみるだけでポジティブ思考になれるでしょう。

⑤知識や話題が豊富でユニークである

好奇心が旺盛だから知識や話題は豊富です。体験することも多いので、話す内容に説得力があります。自分が興味・関心を持てることを少し深めに調べて、「これは面白い！」と思えたら周囲に話してみることです。周囲から「へえ〜」とリアクションをもらえる話題は、それを**「持ちネタ化」**しましょう。

「興味・関心」を育てる５つの勘所

興味・関心パワーの凄いところは落ち込んでいるモチベーションを「知りたい、わかりたい」という知的欲求で動機づけられること

です。「知ったこと」が知的刺激となって新たに興味・関心が湧き、さらに動機づけられるわけです。

仕事やプライベートにも活用できる興味・関心パワーを次のように習慣化しましょう。

１）いつもと違うことをやってみる

いつもと違うことをやってみるだけで脳は活性化され、違った風景だけでなく、思わぬ発見や感動に出会えます。

- 違う道を歩く　　　・違う駅で降りる
- 違うジャンル（雑誌、本、映画）を楽しむ

２）「面白い・夢中になれる」と思えることを見つける・やってみる

「いつかやってみたい、調べてみたい、行ってみたい」と思えるような夢中になれることをやってみましょう。あえて面白くないこと、嫌なことに着目してみて、「なぜそう思うのだろう」と探求するのも１つです。

３）今、興味があることを掘り下げる

雑誌や新聞、テレビ番組、友人との会話などで「あっ、面白そう」と思える話題（占い、スポーツ）を掘り下げて調べてみましょう。きっと新たな発見があるでしょう。

４）クライアントに乗っかってみる

一般的に私たちは**自分の興味関心事に共感してくれる人に好感を持つ**ものです。関係作りとしてクライアントの興味関心事に乗っかってみるといろいろ気づきがあることでしょう。

●興味・関心パワーのポイント●

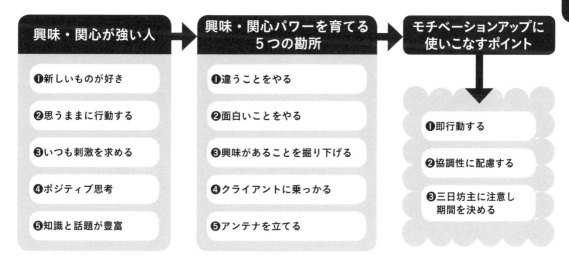

興味・関心が強い人	興味・関心パワーを育てる5つの勘所	モチベーションアップに使いこなすポイント
❶新しいものが好き	❶違うことをやる	❶即行動する
❷思うままに行動する	❷面白いことをやる	❷協調性に配慮する
❸いつも刺激を求める	❸興味があることを掘り下げる	❸三日坊主に注意し期間を決める
❹ポジティブ思考	❹クライアントに乗っかる	
❺知識と話題が豊富	❺アンテナを立てる	

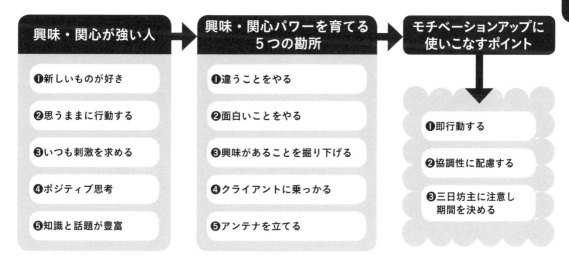

５）知らないことにアンテナを立てておく

知らないことに普段から「アンテナを立てておく」ことは大切です。仕事以外のことでもOKです。知らなかったらSNSで検索をする癖も習慣作りに効果的です。

「興味・関心」を上手にモチベーションアップに使いこなそう

なにかと便利な興味・関心ですが、ポイントを押さえてモチベーションアップに上手に使いこなしましょう。

①即行動する

「面白い、知りたい」と思ったら即行動できる人は、上手にモチベーションアップにつなげられます。けれども慎重派の人の場合は、行動する前に「どのような段取りでやるか」を考えましょう。

ただし丁寧にやりすぎるとハードルを勝手に高くすることになりかねません。大雑把な計画でもOK。**まずはやり始めること重視**でいきましょう。

②協調性に配慮する

自分の興味・関心が第一なので周囲の関心とズレが生じることがあります。プライベートの時間に行う、仕事なら持ち場や範囲を決めておくなど、協調性にヒビが入らないようにしましょう。

③三日坊主に注意し、期間を決める

最初はどんどん湧いてくる興味・関心や好奇心も続けていくと新鮮な驚きがなくなってきます。そうなると気持ちが移って、次のことを始めてしまいがちです。これでは三日坊主でまた同じことの繰り返しになるリスクもあります。

集中してやってみる期間を決めておく、テーマを深めるだけでなく、枝葉にまで広げることも試みましょう。

13 感動モチベーション
—— 感動でやる気をアップさせる

「感動」とは何か？

　「感動」って何でしょう？　脳科学的には感動は次のように解説されるようです。

　「脳の中には、100種類の神経伝達物質があります。ドーパミン、グルタミン酸、ギャバ、ベータエンドルフィン、セロトニン——、いろいろな神経伝達物質があって、われわれの脳の中で、その化学物質が、いわばシンフォニーを奏でています。感動する、大きく楽器を鳴らすということは、その化学物質がザワザワザワーッと脳の中の1000億の神経細胞の間を、走り回っているような状態です」

　これは脳科学者の茂木健一郎氏が脳と感動の関係について述べた一文です。

　つまり、**感動とは脳内の神経伝達物質が大きく共鳴している状態**と指摘しています。

　そうした動きが脳のなかで起こっていることは目には見えませんが、少なくとも私たちは本を読んだり、映画や演劇を見たり、コンサートや美術館などに足を運んで、**心の琴線**に触れるコト・モノに出会うことで感動します。そして、その感動が大きければ大きいほ

ど、深く記憶に刻まれて、**何かをなす時の大きな原動力（動機づけ）**になっています。

「感動」には３分類７領域ある

　私たちが感動する対象は人の生き様や働く姿、物語、音楽、絵画、写真だけでなく、自然が見せるひとコマや動物のけなげな姿までさまざまです。

　これらをNHK放送技術研究所のレポートを参考に仕分けすると「感動」は６領域になるとされています。

◇**受容**

・胸がいっぱいになる（例：あふれる涙）

・心が温まる（例：感謝、安らぎ、癒し）

・心にしみる（例：心に響く、しみる）

◇**魅了**

・心が奪われる（例：興奮する、驚愕する）

・胸が打たれる（例：こみ上げる）

◇**興奮**

・興奮する（例：心が高ぶる・熱くなる）

◇**歓喜（歓び）**

・心躍る（例：ワクワクする、どきどきする）

・歓喜する（例：ヤッター！、達成した）

●感動の７領域と３つの効果の影響●

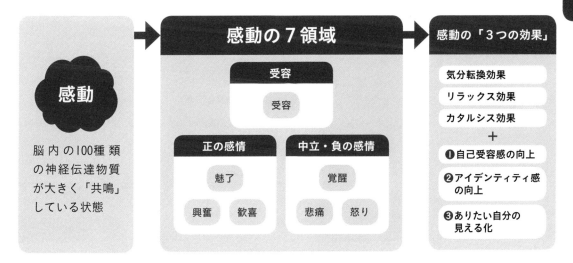

感動

脳内の100種類の神経伝達物質が大きく「共鳴」している状態

感動の７領域

受容

受容

正の感情

魅了

興奮　歓喜

中立・負の感情

覚醒

悲痛　怒り

感動の「３つの効果」

気分転換効果

リラックス効果

カタルシス効果

＋

❶自己受容感の向上

❷アイデンティティ感の向上

❸ありたい自分の見える化

◇**覚醒（気づき）**

・眼から鱗が落ちる（例：驚く、目覚める）

・心がわしづかみ（例：虜になる）

◇**悲痛**

・やりきれない（例：沈痛、号泣、虚脱）

・ゾッとする（例：驚愕、緊迫、パニック）

　これらの領域に加えてさらに**次の負の感情**も無視できないほどの大きなパワーを持っていると私は考えます。

◇**怒り**

・くやしい（例：不親切、見下される）

・義憤（例：冒涜される、凌辱される）

　あなたの感動はこのどれに分類されるでしょうか。

　あなたの感動が、どのようなレベルであなたを**「行動につき動かすか（in moved）」「モチベーションの動機づけ」**となるかは、感動の質と量（時間、頻度）とその時にあなたが置かれている環境やタイミングが大きく影響します。

「感動」にはどのような効果があるのだろうか

　では、感動にはどのような効果があるのでしょう。感動とは**深い感情の作用**ですから、心にのしかかった重いストレスも解消してくれる効果**（気分転換の効果）**があります。また、副交感神経が刺激されるので免疫力が向上するとされています。涙活（泣く活動）によってセロトニンが分泌され深い眠りにつくことができます。ネガティブ涙より感動して流すポジティブ涙は**リラックス効果**と**カタルシス効果**が高いといわれます。

①自己受容感が高まる

　感動するためには、その対象を理解し、受容し、共感できなければなりません。「理由はわからないけどとっても感動した」のは、あなたなりに理解・受容し共感できる**「感動の種」**があるからです。

　たとえ何かができなくても、できるように

なりたい強い思いが溢れる感動を生みだしたと考えてもよいでしょう。つまり、感動できる「あなた」はそれだけでも可能性を秘めた存在なのです。

②アイデンティティ感が高まる

アイデンティティ（identity）とは自己同一性です。外側の自分と内側の自分、理想の自分とリアルな自分が連続している、一貫しているという感覚です。仕事やプライベートで周囲に見せる自分とは異なる**「自分らしい自分」を感動体験で再確認**できます。

③「ありたい自分」が見える化する

私たちが人生や仕事で、「そうありたい自分」を思い描くことはなかなか難しいものです。しかし、小説や映画・演劇の登場人物、スポーツアスリートに感動するのも**「あなたのなかのモヤモヤしたありたい自分」**を引き出してくれるからです。感動するのはあなたのなかに憧れがあるからです。

「感動スイッチ」を モチベーションアップに活用する

クライアントと向き合う感情労働の日々に、心がすっかり疲れ切り、感動することが減っていたら、ちょっと危険信号かもしれません。

「感動スイッチ」のジャンルは人それぞれです。自分のスイッチを知り、わからなければまずは体験して、モチベーションアップに活用しましょう。

①感動スイッチ：好みのジャンル

あなたが「何に感動するか」は、何を大切に生きているか（生き方基準、価値観）に大きく影響します。本や映画、ドラマ、演劇などで好むジャンル（例：貧困・下積みもの、成長もの、愛情もの、悲恋もの、冒険もの、成功もの、家族愛・チーム愛ものなど）は何ですか？　人生を振り返り、自分を奮い立たせてくれる基準（スイッチ）を知って、モチベーションアップに活用しましょう。

②感動スイッチ：創作スタイル

あなた好む創作スタイル（例：フィクション、実話、再現ドラマ、ルポルタージュ）はあなたの感動スイッチのスタイルの1つ。自分のこだわりを大切にしましょう。

③感動スイッチ：表現スタイル

小説・映画・ドラマは本や雑誌、映画館やテレビ、さらにはスマートフォンなどで手軽に感動体験ができるようになりました。

演劇やミュージカルは「ナマの魅力」といわれ、じかに俳優たちが語り・踊り・歌い、客席と一体となった感動体験は秀逸です。

また、絵画や彫刻、写真、３Ｄ映像などのアート作品からも深い感動や気づき、動機づけを得ることができます

④感動スイッチ：音楽(コンサート、ライブ、フェス等)、イベント(祭り・花火大会)等

音楽は私たちを癒したり、モチベーションをアップしたりしてくれる素晴らしいツールです。今では音楽は、CD・DVD やスマート

●自分の「感動スイッチ」を知ろう●

6つの感動スイッチ

❶ 好みのジャンル
貧困もの	下積みもの	成長もの
恋愛もの	冒険もの	成功もの
家族愛もの	チーム愛もの

❷ 創作スタイル
| 歴史 | 実話 | 再現ドラマ |
| ルポタージュ |
| フィクション |

❸ 表現スタイル
小説	映画	ドラマ
絵画	彫刻	写真
音楽	演劇

❹ 音楽・イベント
| ライブ | フェス | お祭り |
| 花火大会 |
| コンサート |

❺ スポーツ観戦
バレー	ラグビー
柔道	スケート
野球	サッカー

❻ 自然・寺社・動物
| 渓谷 | 動物 |
| 仏閣 | 寺社 |
| 原生林 |

フォンなどで日常的に聴くことができます。

また、コンサートやライブ、音楽フェスティバルは、大勢のファンが一緒になって盛り上げる参加型のイベントです。花火大会やお神輿などのお祭りは、心をワクワクさせてくれるモチベーションアップの場として活用できます。

⑤感動スイッチ：スポーツ観戦

スポーツには**「勝ち負け」**があるので、観戦中は**負の感情**（例：イライラ、ハラハラ）と**正の感情**（例：ドキドキ、ワクワク）が混在し気持ちはかなり乱高下します。

だからこそ勝った時のモチベーションはか

なり高く、その昂りがストレスを一蹴し、高いモチベーションを作り出すことができます。

応援や観戦はジュニアの大会からセミプロやプロの試合まで、レベルに関係なく同じような**感動効果**が期待できます。積極的に活用してみることをおススメします。

⑥感動スイッチ：自然、寺社、動物など

渓谷や原生林などの壮大な自然や荘厳な神社仏閣に身を置いたり、自然の動物たちの生き様に触れた時などは、深い感動に包まれます。こうした深い感動は、仕事だけでなく生き方や物事への取組みにも大きく影響を与え、原動力として活用できるでしょう。

14 憧れモチベーション
——憧れのなかにパワーがある

「憧れ」がやる気につながる

私たちは子どもの頃から多かれ少なかれ何かに憧れて生きています。あれが欲しい、ああなりたい、あれがしたい、などすべて「憧れ」です。心理学の定義では**「潜在意識にある劣等感や妬み、羨望の表れ」**といった解釈があります。

本書ではよりポジティブに捉えて**「自己実現に近い概念、自己肯定感、自己承認の一種」**と位置づけ、セルフモチベーションに活用します。まず、やる気につながる「憧れ」を3つに分類します。

①手が届かない「憧れ」

私たちは、手が届かなくても、心から魅力を感じるとモチベーションがアップします。具体的にはモノ（絵画、自動車）やコト（コンサート、海外旅行）、会うことも叶わないヒト（有名人、アーティスト、作家）などを思っているだけで心がトキメキ、ウキウキとしてモチベーションがアップしているのを実感できます。

②手が届くかもしれない「憧れ」

手が届くかもしれないという気持ちのなかに「そうなりたい自分・なれるかもしれない自分」がいます。それは、そう思えるのもあなたが何らかの可能性を秘めているからです。その**「憧れ」を「めざす目標」に変える**ことだってできます。それに向かって第一歩を踏み出すモチベーションを憧れが引き出してくれるでしょう。

③手にしたい「憧れ」

「できるかどうか」を考えるのでなく、どうしても手にしたい・そうなりたいと「憧れ」を強く抱く時、憧れではなく「目標」となって強くモチベーションが上がっています。

「憧れ」の「同一化」機能

心理学では、憧れには「同一化」の機能があり、アイデンティティの形成に効果があるとされています。憧れが共通している者同士がつながると、そこが**「居場所」**となります。帰属意識は**「所属の欲求」**を満たし、**「同感（憧れ）ネットワーク」**を作ることに

●憧れモチベーションの勘所●

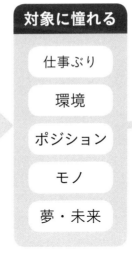

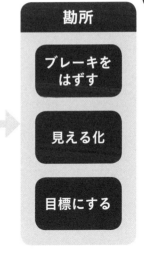

憧れ	人に憧れる	対象に憧れる	勘所
手が届かない	Work	仕事ぶり	ブレーキをはずす
手が届くかもしれない	Career	環境	見える化
手にしたい	Skill	ポジション	目標にする
	Life	モノ	
	Thinking	夢・未来	

なります。

　たとえ立場や世代が違ってもファンクラブのメンバーは「対等な関係」であり、わかる者だけの「仲間作り」ができるのも「憧れ」の素晴らしい点です。

　そこでは仕事や日常生活とは一線を画した**「もう一人の自分」**を作ることが可能となり、そのことが職業人としてのよいバランスを作ることに作用して、モチベーションアップにつながるでしょう。

「人への憧れ」と「支援への憧れ」

　人に対する憧れには5つの領域があります。あなたはどれに憧れますか？
・Work Style：働き方
・Career Style：専門職としての成長
・Skill Style：高い技法や技術
・Life Style：生き方、人生
・Thinking Style：考え方、発想
　憧れる領域ごとに憧れる対象を設定するこ

とをおススメします。そうすることで**「対象の神格化」**を避けることができ、**憧れのリスク**（予想外なことへの幻滅、否定）を抑え、対人援助職として多様な視点とバランス感覚を持つことにもつながります。

　憧れの対象についてさらに5つに分けることができます。あなたはどのタイプですか？

①仕事ぶりに憧れる

　現実にはまず出会うことのない「遠い存在の人」（故人、偉人、著名人、アスリート等）から、身近にいる尊敬する先輩や上司、先生、家族など対象はさまざまです。身近にいる仕事がデキル人に憧れると、その生き方や仕事ぶりを自分なりに模倣する（学ぶ）ことでレベルアップ＆スキルアップできます。

　憧れの人の愛用品やブランドを真似して所有する、縁のある場所を訪れるなどもすぐにできて、やる気につながるアクションです。

②環境に憧れる

環境への憧れのわかりやすい例として、仕事であれば憧れの法人や事業所・職場、プライベートでは家族・家庭や地域が挙げられます。その環境に身を置くことでモチベーションアップするだけでなく、環境を作ること自体に高い動機づけ作用があります。

③立場（社会的ポジション）に憧れる

立場は役割であり、社会的承認の成果です。仕事での役職（例：管理者）、自主グループでのリーダー、家族内での立ち位置（例：夫・妻、父・母）から趣味サークルでの役割など、その立場に憧れることがモチベーションアップに効果的に作用します。

ただし、**立場には求められる相応の力量とスキル**が伴います。力量とスキルを磨かずに憧れてばかりいるのは**「憧れる自分に憧れている」**だけです。いつまでも叶わないことが焦りや不安、落胆となり、新たなストレスとなるので注意しましょう。

④モノに憧れる

モノへの憧れは外的動機づけ（P41）のご褒美＝自分プレゼントにも通じます。購入できるかはさておき、憧れのモノ（クルーザー、高級車、ブランドのバッグ・アクセサリーなど）には、写真を眺めているだけでモチベーションが湧いてくる心理的動機づけがあります。

いつか手に入れたいという欲求はパワーになります。手に入れた時の自分をイメージするだけで一日が頑張れるほど、モノへの憧れは強いモチベーション力を持っています。

⑤自分の夢・未来に憧れる

なれるかどうかわからない職業やキャリアを夢見ること、少し未来のこうありたい自分を思い描くことも「憧れ」の対象です。

20代前後は国家資格や専門学校・大学にチャレンジ、30〜40代は仕事と子育ての両立、50代は年に1回は海外旅行など、未来の自分を思い描いて、それをモチベーションに変えることをおススメします。

憧れモチベーションを使いこなす

憧れをモチベーションアップに活かすために次の3つを意識しましょう。

①「身の程知らず」とブレーキをかけない

憧れている一方で心のなかに「どうせ私は……」という意識が隠れている場合があります。ポジティブに使うためには「どうせ」とリミッターをかけずに堂々と憧れることがポイントです。身の程知らずとブレーキをかけてはいけません。

②憧れを「見える化」してみる

憧れは心の内に潜めるのでなく「見える化」すると脳はより反応しやすくなります。紙に大書きして貼る、写真を壁に貼る・スマートフォンの壁紙にする、大きな声で口に出してみることで**メンタルブロック**を外しましょう。

③憧れを「目標」にする

憧れを憧れで終わらせるのでなく、「どうしたら近づけるか」を計画してみましょう。

やがて憧れが憧れでなく自分のなかで目標に変わっている瞬間が来るでしょう。「達成する目標」となった時に叶えるための行動を始めることができます。

COLUMN 憧れトレーニング

憧れトレーニング❶ モデリング

憧れには、**憧れの人の真似**（モデリング）をして、その存在に近づくという習性があります。憧れているだけでなく、憧れている存在を真似している（近づいている）自分を肯定できる点が大切です。

1）所作・動作をモデリング

憧れの人になったつもりで「歩く、立つ、座る、たたずむ、傾聴する、うなずく、身振りをする」などをやってみましょう。

2）話し方をモデリング

話し方を極端に真似てみましょう。声の高低、話し方のスピード、間の開け方、抑揚のつけ方、よく言うフレーズまで真似します。

3）発想・思考をモデリング

こういう場面ならどのような発想や思考をするだろうかとイメージトレーニングします。

憧れトレーニング❷ 惹かれポイント探し

憧れの人のなかにあなたの「魅力」が隠れています。心理学では**「投影の法則」**といいます。憧れている人の性格、雰囲気、癖、行動パターン、仕事ぶりをイメージしましょう。

1）惹かれポイントを書き出す

その人物のどこに惹かれるか、そのポイントを10〜20以上書き出してみましょう。

2）惹かれポイントと自分の共通性を探す

惹かれポイントで自分と共通している項目を探します。

3）自分のレベルに点数をつける

憧れの人を100点として共通項目の自分は何点かを採点してみましょう。

4）取り組む計画を立てる

満点と自分の点数を比較して、3〜6か月後には何点縮められるか、縮めるために何に取り組むか計画を立てましょう。

15 期待モチベーション
―― 人は期待されることで力を発揮する

「期待」をモチベーションに活かす

人が人に期待をかける時、さまざまなやり方があります。純粋に「君に期待しているよ」と伝える方法もあれば、期待はしているけれどあえて否定的な結果を並べて動機づけるやり方もあります。

「このままだと難しいかも（だからもっと頑張れ）」といったマイルドなものから「〜しなければ結果はでない」「○○をめざすなら〜するべきである」といった厳しい期待のかけ方もあります。

その結果は人それぞれでしょう。

純粋に期待されて結果を出せる人もいれば、少し発破をかけられるくらいのほうが頑張れるタイプまでさまざまです。一般的にはあまりプレッシャーをかけすぎないほうがよいでしょうが。

その人に合った上手な期待のかけ方ができれば、モチベーションアップに効果的なのは言うまでもありません。ですからあなたが自分自身に向けて期待をかける手法としても効果的なのです。

「期待される」ことでパワーが生まれ、よい結果を出そうとする

期待モチベーションを実践する上で**ピグマリオン効果**（pyqmalion effect）を理解しておくことは大切です。ピグマリオン効果とは、1960年代にアメリカの教育心理学者ローゼンタールが説いたものです。

「人間は期待されることで成果を出す（成績が向上する）傾向がある」と説きました。具体的には、次のような言葉かけが本人を動機づけ意欲を高めます。

例）「とても○○の能力がある」
「必ず○○点まで伸びる」

ここでのポイントは「何を期待するか」を具体的に示すことです。抽象的に「もっとよくなる」と言われてもピンときません。「○○点までよくなる」「認知症の人への相談援助がよくなる」など**本人にとって動機づけられる表現を使う**ことが大切です。

そして**「必ず伸びる」「必ずできるようになる」と言い切る**ことです。私たちは自分にどこか不安を抱いているものです。「もしかしたらできないんじゃないか」と思ってしま

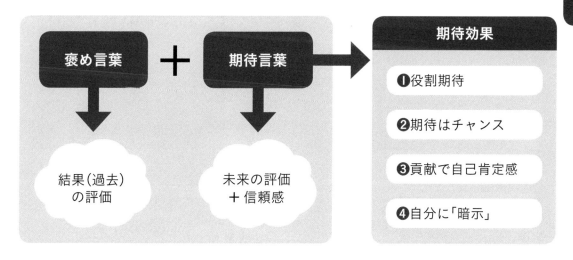

●期待モチベーションと期待効果●

褒め言葉 ＋ 期待言葉 → 期待効果

結果（過去）
の評価

未来の評価
＋信頼感

期待効果

❶役割期待

❷期待はチャンス

❸貢献で自己肯定感

❹自分に「暗示」

いがちです。それが迷いを生じさせ、中途半端な行動につながり、中途半端な結果しか残せないことになるのです。それを、**言い切ってもらうことで迷いや不安から解放され、よい結果につながる**ことが多くなります。

「必ず伸びる」と応援されることで、実際に伸びる可能性が高いことは教育だけでなく、アスリートや仕事の場にも当てはまります。

これは自分自身に対しても効果があります。**「これだけ頑張ったのだから、絶対できる」**という期待をかけるのです。暗示といってもよいかもしれませんが、この**思い込みの力**は存外なパワーを秘めています。

「褒め言葉」と「期待言葉」を使いわける

ピグマリオン効果を高める方法は「褒める」ことではありません。**「褒める」とは結果（過去）の評価**です。一方、**「期待」とは**

「未来の評価＋信頼感」が合わさったものだからです。「期待」を言葉にすることで相手を動機づけることができます。

そして、期待する言葉の前に「褒め言葉」を伝えることは効果的です。ポイントは、うまくいった結果を褒めるのでなく、**努力や工夫の量、頑張ったプロセスを褒める**ことがポイントとなります。

例）「時間がないなかでとてもよく頑張りましたね。次の試験は合格できますよ」

「期待効果」を活用する

チームマネジメントや人材育成に活用できる「期待効果」を自分に対するセルフモチベーションとして活用しましょう。

・「役割期待」を意識する
・期待を「チャンス」にしよう
・「貢献」から始める
・自分に「暗示」をかける
この期待効果の活用のポイントは、実際に

期待されているかどうかではなく、自ら思い込むことにあります。

①自分に注がれる「役割期待」に応える

　自分が他人に何かを期待をするように、あなたも人生のなかでいくつもの**「役割期待」**（期待されていること）があることを意識しましょう。そのために、どの人からどのような期待をかけられたいかをノートに書き出してみましょう。その期待に応えられているかどうかを評価する必要はありません。

・仕事：利用者（家族）からの役割期待
・仕事：事業所内での役割期待
・家族：家族・親族内のポジション（父・母・子ども・叔父・叔母）としての役割期待
・近所近隣など地域からの役割期待
・友人・趣味仲間からの役割期待

　書き出した項目ごとに、やっていること、やっていたこと、これから取り組めることを整理し、**楽しみながらできることから行動に移してみましょう。**

　すると仕事で多少つまずくことがあっても、家庭や地域、趣味仲間から期待されている自分（役割期待）が**「心の支え」**となって極端にモチベーションダウンすることもなく、むしろアップする方向に作用するでしょう。

②期待は「チャンス」と受け止める

　人が何かを頼んでくるのは、それがこちらにできると期待してのことです。なかには貧乏くじのような頼み事もあるでしょう。でも、「先方は見込んで頼んできている、ここは試されている」チャンスだと受け止め、ま

ずはやってみましょう。

　クライアントからの無茶な期待や他職種からの無茶ぶりにすべて応える必要はありません。その場合はクッション言葉を添えて引き受けるのも１つの手です。

・「できる範囲でよろしいでしょうか？」
・「わからないことだらけなので、いろいろと相談に乗っていただけますか？」

　このようなクッション言葉は、残念な結果へのリスクを減らすとともに、うまくいった際の信頼感をさらに高めるでしょう。

③「貢献」で自分にOKを出す

　役割期待が何も浮かばない場合、「○○をすれば誰々の役に立つ」という「貢献」を活用して意欲を高める手法もあります

　貢献の基本は**「利得の心でなく無私の心」**です。他者の役に立つことだけを考え、周囲の評価は求めず、やり遂げたら心のなかで**「自分にOK（例：なかなかやるじゃん、私！）」**を出しましょう。自分に期待して自分で結果を出す**セルフピグマリオンは自己肯定感を満たす効果があります。**

④自分に「暗示」をかける

　トップアスリートたちが「必ずメダルを取ります」「皆さんの期待に応えます」と力強く言葉にするのは、**自分に「暗示」をかける期待効果でモチベーションをアップさせるため**です。

　心のブレーキ（リミッター）をはずして、**自分に「本気で期待する」**ことで集中力とモチベーションは上がりパワーアップします。

●期待モチベーションの４つの注意点●

❶キャパオーバー

❷ハロー効果

○○大学出てるもんね！
え？

❸ゴーレム効果

ダメ
ヒサぶっ
私にはむりなんだ〜

❹ホーソン効果

まかせて
期待してるよ

期待モチベーションの「４つの注意点」

　期待モチベーションも「過度な使い方」をすると負担感や周囲とのズレが生まれ、マイナスに作用するので注意しましょう。

①親和動機と所属欲求で引き受けすぎない

　私たちは集団になじみたい**「親和動機」**と**所属欲求**があるため、頼まれると力量以上のことを引き受けてしまうことがあります。引き受けて**キャパオーバー**になっているのに結果が出せないと周囲の評価は下がります。自分も自信を失いモチベーションダウンすることになります。

②ハロー効果に注意する

　ハロー効果とは、肩書や学歴、資格や外見、経験年数などの**プラス要因から周囲が本人の**評価を高めに見ること（ポジティブ・ハロー）です。一方**マイナス要因があれば評価は低めにみられます**（ネガティブ・ハロー）。

　自分に対する役割期待から行動を起こす時、周囲の過度な評価にブレない**「自己評価軸」**で期待効果を使いこなしましょう。

③ゴーレム効果に注意する

　期待とは反対に否定的な印象から「否定的な言葉」を言われ続けると成績や能力が落ちてしまうことを**「ゴーレム効果」**と呼びます。

　うまく結果が出ないと予測されるとネガティブメッセージを自分に向かって使いがちになります。期待を無意識のうちに高めに集めてしまうと、その反動が厳しいものになります。

・「やっぱり私にはムリなんだ」
・「○○の期待には応えられない」

　まずは結果や評価ばかりにこだわるのでなく**「取り組んだことの意味」に着目**するようにしましょう。

④ホーソン効果に注意する

　ホーソン効果とは、病者が治癒していないのに治療者（医師ほか）の期待に対して「病気がよくなった」と感じてしまうことをいいます。過度な期待は本人の本音を封じ込めてしまいます。過度な役割期待は自己過信や自己妄信というリスクがあり、結果的に自分を追いつめてしまうことにもなりかねません。力量以上の期待を集めるのは注意しましょう。

16 言葉モチベーション
── 口ぐせ効果で「言葉に力」を

なぜ「言葉」には効果があるか

とても手軽な手法としておススメなのが言葉を使ったモチベーションアップ法です。

なぜ言葉にはモチベーションアップ効果があるのでしょう。それは言葉には「意味」が込められているからです。そして、脳があなたの言葉を一番聞いているからです。

皆さんは**「言霊（ことだま）」**という言葉を耳にしたことがあるでしょう。これは言葉のなかに「魂」が宿っているという古くからの言い伝えです。漢字が中国から伝わるまでは話し言葉中心のコミュニケーションでした。物語も**口承（口伝え）**が基本。言葉に魂が宿るという発想は古来から日本人が身につけてきた知恵といえます。

「そんなことを言っては縁起が悪い」と、どちらかというとネガティブな使われ方をされがちですが、祝い事での祝辞や祝詞（のりと）などでは、縁起のよい言葉を使うことを奨励しています。

言葉をモチベーションアップに活用するにはどのような方法があるでしょう。言葉をそ

のままなんとなくイメージをしていても効果はありません。言葉を脳に認識させ、モチベーションアップさせるアウトプット方法には次の3つがあります。

①見る：言葉（文字）を読む
②動く：手で言葉（文字）を書く
③聞く：言葉（文字）を声に出す

言葉モチベーション：①言葉を読む

第1が「言葉を読む」です。厳密にいうと言葉を文字にした、文章化したものを読むということです。

読む分量はできるだけコンパクトなものがよいでしょう。文字数で言えば俳句や短歌レベルで、詩や小説は少し長すぎます。ただし、そのなかの気に入った一文や登場人物が語る言葉などはいいでしょう。

例えば、**「名言、格言、座右の銘、諺」**といった類のものなどは短文ですから、付箋に書いて手帳に貼っておく、カレンダーの脇にじかに書いておく（市販品で「今日の格言」シリーズもある）のもよいでしょう。スマホのメモ帳に書いておき見返す、色紙などに手

●「言葉を力」にする３つのエクササイズ●

読む	書く	声に出す

書きされた格言や文章の一部を撮影し、データを保存しておく、スマホの待ち受け画面に貼っておくなどは比較的簡単にできます。

何より場所を選ばず周囲をあまり気にせずに取り組めるモチベーションアップ法です。

どのような名言、格言、座右の銘、諺があるでしょうか。私が気に入っている「名言」を紹介します。

【人生の名言】

・生きるとは呼吸することではない。行動することだ（ジャン・ジャック・ルソー）。

・人生は学校である。そこでは幸福より不幸の方が良い教師である（フリーチェ）。

・自分の道を進む人は、誰でも英雄です（ヘルマン・ヘッセ）。

・この道より、われを生かす道なし。この道を歩く（武者小路実篤）。

・元々地上に道はない。歩く人が多くなれば、それが道になるのだ（魯迅）。

・人生に失敗がないと人生を失敗する（斎藤茂太）。

・明日死ぬかのように生きよ。永遠に生きるかのように学べ（ガンジー）。

・苦さの味を知らぬものは甘さもわからない（ドイツの諺）。

・生きてるだけで丸儲け（明石家さんま）。

【仕事の名言】

・いつかできることは、すべて今日でもできる（ミシェル・ド・モンテーニュ）。

・率直な意志の相違は進歩を示す健全な兆候だ（ガンジー）。

・偉大な製品は、情熱的な人々からしか生まれない（スティーブ・ジョブズ）。

・人は教えることによって、もっともよく学ぶ（セネカ）。

言葉モチベーション：②言葉を書く

第２が「言葉を書く」です。言葉を文字に書く行為です。せっかくの名言、格言、座右の銘、諺を読むだけでなく、**書くという行為を通して集中力をアップさせ記銘力を上げる**ことができます。

もっともわかりやすいのが般若心経などの経典の「写経」です。もともとは祈願や供養、修行の1つとして仏教などで行われてきました。

英語は**表音文字**で漢字は**表意文字**といわれます。漢字は文字1つ1つに意味があるので、**書くプロセスで脳が意味を認識**します。この効果を言葉モチベーションに活用しない手はありません。

書く時は無言でも構いませんが、一度声に出して読み上げてから書き始めると沈黙しながらでも脳内で言葉を読み上げてくれるので、より効果は期待できるでしょう。

また、文字を書くことで集中力が増し、リラックス効果が生まれるだけでなく、何度も繰り返すことで文字が美しくなる副次的な効果も期待できます。

最近だと、筆文字で色紙に気に入った言葉を書いてくれるサービスもあるので、それらを使うのもよいのですが、やはり書くことで起こる作用を感じてもらうためにも、まずは手帳やスマホケースのなかに自分の直筆で名言・格言・座右の銘・諺を書いて身につけましょう。

言葉モチベーション：③
言葉を声に出す

第3が「言葉を声に出す」です。これは**口ぐせの「指差し効果」**を狙ったもので、声に出すことでモチベーションアップが図れます。

例えば、気分が落ち込んでいる時に自分が好む励ましの声がけをやってみたらどうでしょう。きっと心は癒され、モチベーションはアップすることでしょう。

また、**モチベーションは「気分屋さん」**です。その時の体調や環境（気温、湿度、日差し）、人間関係、タイミングなどの「変動値」が影響し、簡単にモチベーションはアップダウンします。

そこで、その時の気分によって揺れがちのモチベーションを「思考」によって論理的に動機づけるのではなく、**口ぐせの指差し効果を使って「耳」から動機づけるシンプルな手法**が「言葉を声に出すモチベーションアップ法」なのです。

「効果のある声がけ」を練習する

では、どのような声がけをすると効果があるのでしょう。名言・格言・諺などを声に出すのもよいですが、ちょっと堅苦しい印象もあります。むしろシンプルなフレーズを声に出してみましょう。

①フレーズで言い切る

効果的なフレーズは「〜になりたい」という要望より、「私は○○だ」と断言してみることです。**脳に新しい自己イメージを印象づけ、行動を動機づけ**られます。

・「私は○○が好きだ（得意だ）」
・「大丈夫、自分ならできる」
・「○○さんのおかげで〜〜ができた」
・「私は○○が魅力的だ」
・「3年先に私は○○になる」
・「今、私は幸せ！　とっても幸せ！」
・「ありがとう。心から感謝します」

●効果のある声がけと禁忌フレーズ●

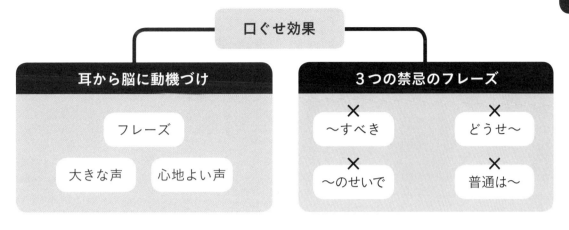

②「声出し」はしっかりとする

声には「明るい・暗い、早い・遅い、高い・低い、冷たい・あたたかい」などがあります。心のなかで「唱える」のではなく、脳に刻むようにしっかりと声に出しましょう。

自分の脳にとって「心地よい声」が基本です。ムリをした言い切りより、低くゆっくりと自分に語りかける、明るい声で丁寧に語るなどいくつかの手法を試してみましょう。

「マイナス言葉」は使わない

マイナスの言葉を使うと自分で自分を抑制したり、縛りつけたりすることになります。日常会話でネガティブな口ぐせがないか、セルフチェックしましょう。

・「〜すべき」はプレッシャーを与えるだけ

自分に対して「〜すべき」と声がけしてしまうと必要以上にプレッシャーとなり自分を追いつめることになります。かえってうまくいかなくなり、さらに自分を責めてしまって、モチベーションは大きく下がります。

・「どうせ〜」は未来の失敗への予防線

行動を起こす前に根拠もなく「どうせできない」といったマイナスの想定をすると、可能性を狭めることになります。未来の失敗に対する予防線を張ることで可能性から逃避することになります。

・「〜のせいで」は責任回避をしているだけ

結果がおもわしくなかった時、つい「〜のせいで」と責任や原因を他者や環境に求めがちです。これは一種の責任回避行為です。他者の責任を追及する言葉でなく、むしろ「〜のおかげで……ができた」と感謝の言葉に言い換えてみましょう。

・「普通は〜」は自分基準を狭めてしまう

「普通は〜」を使うと、一般的な常識を意識しすぎて自分の主張や持論を低く評価してしまい、行動にブレーキをかけることになります。

むしろ**「私なりに〜〜と思う」**とオリジナリティを大切にする口ぐせに変えることであなたの個性が光ります。

17 時間モチベーション
── タイムマネジメントで集中力を上げる

時間をモチベーションアップに活かす

モチベーションが低い状態とは仕事や物事への取組みが「単調、退屈」でつまらなくなっている時です。つまり、**ダラダラと時間を持て余している状態**といえます。

時間モチベーションとは「時間」を上手に使いこなすことでモチベーションアップを図るスキルです。簡単に言えば、時間を区切ることで集中力を高めたり、仕事の納期を決めることでモチベーションアップを試みたりするのです。

お金や人脈は人によって「持っている量に差」がありますが、時間は平等に24時間です。時間のマネジメントで差が出てくるのです。

とはいってもプライベートは家事や子育てなど自由にならない時間も多く、仕事時間は当然、業務に拘束されています。プライベートも含めて業務を時間で細分化し自分なりに**「意味づけ」**しましょう。これら一連のタイムマネジメントをすることで**「あなたがコントロールできる時間」**になり、モチベーションに活用ができるのです。

タイムマネジメントで未来をシミュレーション

タイムマネジメントの相手は過去の時間ではなく、**「これからの時間」**です。つまり、あなたの**「未来の時間」をマネジメントする**のです。

未来というとおおげさに聞こえますが、今から数時間〜数日間、数週間から数か月、半年〜1年間、数年間と時間の幅はいろいろです。それらをタイムマネジメントするとは**「スケジュール化」**をするということです。わかりやすくいえば**「未来の時間のシミュレーション」**を行うのです。

先々の行動をあらかじめ「決める（決めておく）」ことで悩むことなくすぐに実行ができるようにしておきます。このシミュレーションのプロセスで**「実現できた自分」**をイメージし、そのことによりモチベーションアップが可能となるのです。

タイムマネジメントの「3つの効果」

タイムマネジメントとは**「自分時間の先読**

126

●タイムマネジメントの３つの効果●

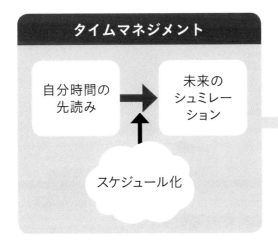

タイムマネジメント

自分時間の
先読み

→

未来の
シュミレー
ション

↑

スケジュール化

３つの効果

集中力UP

標準時間
の把握

時間短縮で
仕事力UP

み」であり、その時間に何をするのかを決めておくことです。それは時間を区切ることであり、それぞれの予定に納期が生まれることになります。そうなると、その時間内で予定を終わらせるために、しっかりと必要な時間を予測し事前準備します。実行時は**タイムマネジメントの成果を試す**と考えればよいのです。

そこに「３つの効果」が期待できます。

①集中力を増すことができる

タイムマネジメントとは何ごとも手っ取り早く効率的にすることと思われがちですが、それでは疲れ切ってしまいます。

むしろ「○○は～～分（時間）でやろう」と時間に**「締め切り」**を作ることです。わかりやすく言うと「スタートとゴール」を決めることです。とかく私たちは「すぐやります」「なるべく早くやります」と言いがちですが、その場を取りつくろっているだけではないでしょうか？

それでは、いつから始めるのか、いつまでにやるのかが曖昧になり、結局は手つかずになったままになりがちなのです。

・この支援経過記録は15分で書き上げよう
・○○さんの更新のケアプランは○○時から
　２時間で仕上げてしまおう

しかし、これを気合いだけで実施するのは余りにアナログです。作業中はスマートフォン等を脇に置いてストップウォッチ機能を使う、雑音防止に耳栓をするなどの工夫を加えて、さらに集中力をアップさせましょう。

②自分の標準時間を把握できる

ただし、自分の標準時間もわからずに「よし○○を20分でやるぞ」と始めても、それがまったく終わらないようであれば、逆にモチベーションを下げることになります。

その作業を仕上げられる現在の標準時間を「分単位」で測ってみましょう。そうした「タイムトライアル」をやってみて、どれほどの時間を必要とするのか自己覚知すること

から始めましょう。

③時間短縮で仕事力をアップ

タイムトライアルで標準時間が把握できたら、次にその時間を縮めることにトライしましょう。そして、予想の時間通りにできた、うまく短縮できたら声に出して自分を褒めましょう

- 「よく頑張った！」
- 「私ってすごい！」
- 「よしよし、いい調子！」

残念ながら、予定より長くかかった場合は落ち込まずに（落ち込む時間そのものがもったいない）、「なぜ予定より○○分かかってしまったのだろう？」と客観的に分析しましょう。このプロセスをいく度も繰り返すことであなたの仕事力は必ず改善されます。

時間モチベーションの「３つの勘所」

モチベーションアップのスキルを使用する際、気合いだけに頼らず、工夫が肝心ですが、時間モチベーションにも３つの勘所があることを押さえておきましょう。

①とりあえず「始める」こと

何事も最初の一歩を踏み出す＝「始めることでしか始まらない」という事実に着目しましょう。結局、「始める」ことをしないうちに時間だけが過ぎてしまい、時間切れになる経験をしている人が多くいます。

なぜでしょう？　それは「始める」ことに最もパワーがいるからです。冬期の自動車を

イメージしてください。走りだす前に暖機運転でエンジンを暖めておくとスムーズに走り出せます。また、走り出しの時に最もパワーを使うこともよく知られています。

精神科医のクレペリン（クレペリン検査で有名）は「作業を始めると次第にやる気が高まる」という現象を作業興奮と呼びました。その時間は「わずか５分」という短さです。

まずは、簡単な作業から始め、「やる気スイッチ」をONにして、次に本格的な作業に移る「自分を乗せる手法」を試しましょう。

②何事にも「15分ルール」を導入する

皆さんは「60分の作業」と「15分の作業」では、どちらが集中して行えますか？

脳科学の知見からも人間が集中できる時間は15分だといわれています。一方、少々嫌なコト・苦手なコトも15分であればなんとか頑張れたりします。

つまり「ダラダラと60分」やるよりも「キッチリと15分」取り組み、５分休憩するほうが何事もはかどることになります。

そして着目すべきは15分は仕事や家事の合間の「すき間時間」で作れるということです。具体的には、電車やバスなどの移動時間、待ち合わせ時間、昼休みの残り時間などです。この時間に「インプット＆アウトプット」することを決めておくとよいでしょう。

③ランナーズハイの快感を楽しむ

長距離走には「途中で苦しさが消え爽快な気分になる状態」＝ランナーズハイという現象があります。ランナーズハイになると「楽

●時間モチベーション「３つの勘所」●

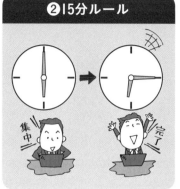

❶とりあえず手をつける

やる気スイッチON

ヨシ!! 始めるか

❷15分ルール

集中 → 完了

❸ランナーズハイ

楽しい！

しい→さらに走る」というプラスのスパイラル効果が生まれます。

仕事のやる気スイッチが入り、達成感を実感できると中途半端に諦めることも減ります。「○○までやらないと気持ち悪い」と思えるようになれば、あなたはレベルアップしたといってよいでしょう。

時間モチベーションの「４つの落とし穴」

時間モチベーションは取り組みやすい反面、簡単に落とし穴にはまってしまうリスクがあります。落とし穴を予測した上で使いこなせるようにしましょう。

①キツメはNG。取り戻し時間も予定する

落とし穴の１つは**「キツメのタイムマネジメント」**です。いくらやる気があっても体力と技術が伴わなければ早々にダウンします。

まずは標準時間を把握し、全体にかかる時間を見積もります。遅れた分は取り戻す時間もあらかじめ設定しておきましょう。

②三日坊主に要注意。続ける習慣作り

「やろう！」と始めてみると、やっぱり向いてない、時間がないと言い訳が生まれ、「三日坊主」になりがちです。まずは３日間、次は３週間、そして３か月間は続けてみましょう。そうやって体と心を慣らすことで、「続けられる習慣作り」を始めましょう。

③締め切りギリギリはNG。基本は前倒し！

期限が決まっている仕事は締め切りギリギリに取りかかるのはNGです。焦って行う仕事はムリ・ムラが多く、結果的にやり直しになりがちです。基本は前倒しで取り組みましょう。

④優柔不断は仕事の山積みを作る。即断即決するルールで仕事にテンポを！

優柔不断で「決められない」ままだと仕事は山積みになります。「即断即決するルール」を決めておくことで仕事にテンポが生まれ、モチベーションもアップします。

18 笑いモチベーション
── 笑いは心をしなやかに強くする

どのような時に笑っていますか?

結婚式の新郎新婦の誓いの言葉で「笑顔が溢れる家庭をめざします」という表現をよく耳にします。そして、記念写真もみんな笑顔で統一したがります。その理由は**「笑顔は幸せの象徴」**だからです。

では、皆さんはどのような時に笑っていますか? 嬉しい時、幸せな時、満たされた時にあなたは自然と笑顔になっていませんか? 漫才やコント、友人たちとのお喋りで腹を抱えて笑っている時、どのような気持ちですか?

あるいは、悲しい時であっても、無理に笑顔を作る時はありませんか? 例えば、親友や愛する家族と最後の別れをする時、泣きたい気持ちを押さえ、必死に笑顔で別れを言うことがあります。

それは苦しみを伴う作業です。しかし、私たちがあえて笑顔を作るのは、**笑い(笑顔)には心を満たし、人を励まし、人を救い、場を和ませる、大きなモチベーション力がある**ことを理解しているからです。

「笑い」には5つの効果がある

健康で元気な人は笑っていることが多いものです。甚大な被害に見舞われても TV のインタビューには「なんとかなるでしょう(笑)」と笑顔で応える人が必ずいます。実は笑いには次のような5つのモチベーション効果があるからです。

①免疫力が高まる

笑いは NK 細胞(ナチュラル・キラー細胞)と B 細胞(ボーン細胞)と呼ばれる免疫細胞を活性化させるといわれています。実際にがん患者や糖尿病患者に漫才や落語を見せて大笑いさせると NK 細胞が85%〜600%も増加したという研究成果もあります。

笑いは**病気のリスクを下げ、健康なカラダ(体調がよい状態)を作る**ことでモチベーションを上げるきっかけになるのです。

②ストレス解消と鎮痛効果がある

笑うことでストレスが解消しプラス思考になるのも、次の3つのホルモンの分泌が上が

●笑顔と笑いの5つの効果●

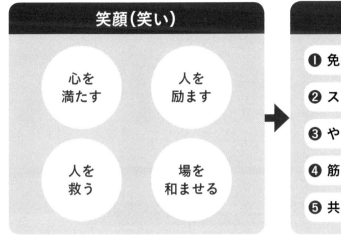

笑顔(笑い)
心を満たす　人を励ます
人を救う　場を和ませる

笑いの5つの効果
❶ 免疫力が高まる
❷ ストレス解消と鎮痛効果
❸ やる気スイッチが入りやすい
❹ 筋力がパワーアップ
❺ 共感的ムード作り

るからです。

・エンドルフィン：多幸感を上げる

・ドーパミン：やる気・意欲を上げる

・セロトニン：心地よさ、穏やかさを増す

　特にエンドルフィンは「**モルヒネの6倍の鎮痛効果**」があり、マラソンのランナーズハイ状態にも影響しているといわれているホルモンです。

③やる気スイッチが入りやすくなる

　ドーパミンはやる気・意欲やプラス思考を高めてくれます。また笑うことで脳の血流が良くなり、海馬（記憶を司る器官）や側頭葉（判断力を司る器官）が活性化され、いわゆる「冴えた状態」にしてくれます。

　また、困難な環境でも「なんとかなる」と楽天的に捉えていつも笑顔でいると、自然と応援してくれる人が表れて、状況も好転し、「笑う門には福来る」という諺どおりの展開になります。

④筋力がパワーアップする

　スポーツではキツイ・苦しい表情は身体を緊張させ気持ちを萎えさせるだけです。**「楽しみながらプレーする」**ことでリラックス効果とやる気効果が生まれ、モチベーションアップを図ることになります。

　また、顔の皺は表情筋の衰えともいわれます。笑うことで筋力を使って「たるみ」を防ぎ、元気なあなたを演出することができます。

⑤共感的ムードを作ることができる

　複数の人がいっせいに笑う時、そこには「わかるわかる」という**共感的な雰囲気と一体感**が生まれます。お笑い芸人のテクニックの1つの「あるある話で笑わせる」という手法で、観客を一気に盛り上げることができます。

　笑ってもらえることでマズローが唱える欲求5段階説の所属の欲求が満たされ（受け入れてもらえた）、自己肯定感が生まれます。

どのように「笑い」を作るか

　では、笑うためにはどのようにすればよいでしょう。「何に笑うか」は個人的です。

　「笑わせること」は難しくても、「笑うこと」はできます。次の7つの笑いのエクササイズをぜひ試みてみましょう。

①笑顔を作る

　笑顔を鏡に向かって作ってみましょう。

- 口角を上げる　　　・頬を上げる
- 上の歯を6本以上見せる
- 両目を見開き、逆三日月にする

口角を上げるには割り箸を口にはさむトレーニングが効果的です。やってみましょう。

②笑ってみる

　まずは声を上げて笑ってみましょう。脳はあなたの声に反応して楽しい気分になってきます。これは笑い方トレーニングとしても効果的です。

- 目じりを下げて笑う（微笑む）
- 楽しそうに笑う　　・大声を上げて笑う
- 手を叩いて（腹を抱えて）笑う
- 涙が出るくらい笑う

　なお、苦笑い、含み笑い、作り笑い、高笑い、鼻で笑うなどはネガティブな印象を与えますので注意しましょう。

③「ツッコミ」をやってみる

　「ツッコミ」とは批判的に「笑ってみる作業」のことです。テレビや新聞などに向かって、「それはちゃうやろ（関西弁風に）」とあえて違った視点でツッコムことで多様な視点を持つきっかけとなります。

④「面白い」と思うことをまず口に出す

　日常生活や仕事で「面白い、変だな」と思うことをまず口に出してみましょう。それには**すべてに「疑問を持つ」こと**から始めましょう。

- これって○○でいいのかな？
- よく考えてみると…って何？
- どうして〜〜な行動をとるの？

　素朴な疑問は最強の"知的武器"です。雑談の時などに話題にしてみて、いろいろな発想が乱れ飛べば笑いも起こるでしょう。また、自分の失敗談にオチをつけて話す自虐ネタも共感の笑いを起こせます。

⑤お笑い芸人などで笑う

　私たちを笑わせてくれるプロフェッショナルが「お笑い芸人」たちです。近頃、あまり笑っていないと自覚したら、テレビのお笑い番組を見る、演芸場に足を運ぶ、YouTubeにアクセスするなどして**「笑いの時間」**を作りましょう。

　ジャンルには漫才、コント、落語、喜劇があります。そのなかで自分のイチ押し芸人などを作るのもおススメします。

　またマンガ、川柳、小説、映画などのコミカルなジャンルを楽しむのもよいでしょう。

⑥笑わせる（笑いを作る）

　受け身的に「笑う」だけでなく**「笑わせる（笑いを作る）こともモチベーションアップ**

●笑顔になること・笑うこと・笑いをとること●

❶ 笑顔作り

❷ 笑ってみる

❸「ツッコム」

それは〇〇
じゃない!?

❹ 面白いと思うことを口に出す

これって
〇〇でいい
のかな？

どうして
〇〇な行動
をとるの？

❺ お笑い芸人で笑う

❻ 笑わせる

真剣に
話す

わざと
間違える

自分を
下げる

にはとても効果的です。

　しかし、笑わせようとしているとわかったら人は笑ってくれません。「先日、とっても面白いことがあったんだ」と自分でハードルを上げるのは損です。初めから笑って話すと相手はシラケるだけです。

　ではどのようにすればよいでしょう。

・真剣に話す

　面白い話ほど真剣に話すと人は関心を持って聞いてくれ、とてもオチが効きます。

・わざと間違える

　「よくやる勘違い」「思わずやってしまう間違い」「絶対にやらない間違い」は聞き手の共感の笑いや意外性の笑いを生み出します。

・自分を下げる

　自虐ネタは安心して笑えるネタです。「その時、私は〇〇をやってしまったんですよ（笑）」と話せば、聞き手は笑いながら親近感を持ってくれるでしょう。

19 体験モチベーション
―― やってみるとやる気が湧いてくる

今、時代は「体験型」がブーム！

　ここ10年、学校教育や企業の人材教育、カルチャーセンター、レジャーなどの多くが「体験型」を積極的に取り入れています。それは体験することで学習効果や満足度、モチベーションが格段に高まるからです。

　かつて学校教育は「座学中心」で、教師から正しい知識を教わるスタイルでした。しかし、それでは正解がない問題を考え、チームと協働して取り組む能力が育たないことが日本の教育の課題とされてきました。

　現在は、参加体験型のアクティブラーニングが学校教育や企業の人材育成に導入されています。その基本は参加型、学び合い（協力的）、ワークショップです。グループで行うディベートやグループディスカッション、事例を使ったケースメソッドやフィールドメソッドなどの教育手法が多様にプログラムされています。思考力・表現力・主体性・協調性を育て、学びに対するモチベーションの向上をめざします。

　また、カルチャーセンターも知識の習得よ

り手作り・工作教室やダンス・ヨガなどフィジカル体験型が好まれ、テーマパークも体験型アトラクションに人気が集まっています。ゲームでも VR 体験型が人気です。

　まさに「体験というシステム」のなかに本人の意欲を動機づけるモチベーション効果があることが注目されてきているのです。

モチベーション力を鍛えるのは「失敗体験」と「擬似体験」

　体力・体調、価値観、考え方の癖などの他に、モチベーション力に決定的に影響するのが「経験値」です。

　モチベーションで最も問われるのは成功体験の数と質ではなく「失敗体験の数と質」ともいわれます。どれほど失敗を経験しそれを客観的に自己分析し、乗り越えた経験があるか（レジリエンス）どうかが重要なのです。

　「実践に強いモチベーション力」を身につけるには、模擬体験（疑似体験）も含めた次のようなさまざまな体験をすることをおススメします。

・主体的に考え動く体験をする

●モチベーションアップは"体験型"がキーワード●

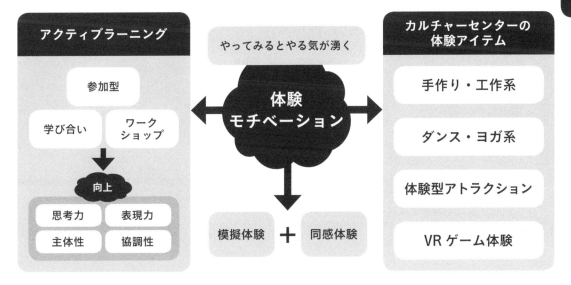

・コミュニケーションを要する体験をする
・成功体験を疑似体験する
・失敗体験を疑似体験する
・他人の体験を疑似体験する
・未知の体験を疑似体験する

　なお、体験モチベーションの手法はクライアントの受容と理解の手法としても活用できます。あなたはクライアントの言葉を傾聴するだけでは不十分に感じる時はありませんか。その際、言葉だけに頼るのではなく、クライアントの体験から学ぶ（教えてもらう）、同じ体験をする（**体験の共有化＝同感体験**）ことで受容と理解に一歩近づけるでしょう。

・妻を亡くした時にどれだけつらかったか、そこからどう立ち直っていったのか、その体験を教えてもらう。
・かつて行なっていた仕事を聴き取り、実際に体験する（例：夏場の農作業、自転車での新聞配達、倉庫での配送作業など）こと

で仕事の大変さを実感する。

お楽しみ体験で
モチベーションアップする

　モチベーションアップで誰もが取り組みやすいのが趣味体験です。趣味というとちょっと本格的な印象を持つなら「お楽しみ体験」といってもよいでしょう。

　一般的に趣味・お楽しみ体験にはモノ作り系、音楽系、演劇・観劇系、鑑賞系、観察系、観戦系など、実にさまざまあります。どれをやるかはあなた次第です。無理なく気軽に何から始めるかを決めるには、次の視点で整理しましょう。

・やっていることをさらに深める
・かつてやっていたことを再開する
・いつかはやってみたいと思っていた
・機会があるならやってみたいと思っていた
　どの基準で選んでもあなたのモチベーショ

ンアップに役に立てることができるでしょう。その理由は次の3つです。

①好きな事に夢中になる

　もともとは「好き」な事だから夢中になれます。といっても小間切れ体験だと上達しなくてやる気も失せてしまうかもしれません。期限（例：1〜3か月）を決めて夢中になってみるとよいでしょう。

②意外と「できる（できない）体験」は貴重

　体験してわかるのが次の2つです。

- ・意外とできるな、私
- ・意外とできないな、私

　意外とできると思えたなら、自信をさらにモチベーションアップにつなげましょう。

　しかし、意外とできない自分を知った時（失敗体験）がチャンスなのです。「どうやればできるようになるのか」を考え、アドバイスをもらい、再チャレンジしてできたとします。あなたのなかには成長体験と成功体験が複合的に起こり、モチベーションがアップしています。この経験を通して、何もやらないうちから無理と決めつけないポジティブ思考も身につきます。

③仲間作り・人脈作りに活かす

　相談援助職として支援するクライアントとはなんでも話し合える「対等な関係」にはなれません。しかし、共通する趣味や楽しみに関してなら「気楽な仲間関係」を作ることができます。話題も増え、人脈は広がり、何より年齢や性差・立場を越えた「教える・教えられ

る関係」はあなたの人間としての幅を広げ、モチベーションアップの一助となるでしょう。

おしゃれ体験をする

　いつでもすぐに始められる体験チャレンジとして「おしゃれ体験」をおススメします。おしゃれ体験といっても、華やかな席でのおしゃれを頑張るという意味ではありません。普段の身だしなみを楽しむくらいがちょうどいいでしょう。

　おしゃれは、その人のライフスタイルや個性・憧れや夢を体現します。しかし、日常的には仕事で求められる服装や子育てや家計の負担が影響して「控えめ」にしがちです。また、抑うつ傾向になるとおしゃれへの関心も低下することになりがちです。

　おしゃれ体験は「似合う・似合わない」の他人目線でなく、わがままモードで「好きか嫌いか」「心地良いか悪いか」の自分目線でやってみるのがモチベーションアップには大切です。

〈セレクト項目〉

- ・服装（アウター、インナー、シューズ、ベルト、スカーフ類含む）
- ・髪型（ウイッグ、髪飾り含む）
- ・化粧（ファンデーション、口紅、香水、エクステ、ネイル、指輪含む）
- ・小物類（バッグ、アクセサリー、ハンカチ、スマホケース、眼鏡含む）
- ・カラーコーディネート（差し色含む）

　おしゃれは、気分転換やストレスケアになるだけでなく、「心の支え」「なりたい自分になる（変身願望）」気持ちを満たし、モチ

●「お楽しみ体験」でモチベーションアップ●

体験モチベーション

好きな事に
夢中になる

できる（できない）
体験をする

仲間作り・人脈作り
に生かす

趣味・お楽しみ体験

おしゃれ体験

異文化体験

アドベンチャー体験

モチベーションアップ

ベーションをアップさせる効果があります。

　思い切ってアニメなどのキャラクターに変身する**「コスプレ」**に挑戦して、自分のモチベーションがどのように変わるのか、体験するのもよいでしょう。

異文化体験をする

　異文化体験で「新しい自分を発見する人」が多くいるのは、これまでの生活習慣や自分に染みついた社会的常識、価値観などがひっくり返されるからです。これは自己否定ということではなく、異文化圏の多様な考え方と生活習慣に触れ、刺激を受け、お互いの文化を尊重することの大切さを身をもって体験するからです。異文化体験には次のような選択肢があります。

・海外旅行をする
・海外ボランティアで働く
・国内の外国籍の人とふれあう
・国内の外国籍の人と仕事を一緒にする
　異文化体験は、海外や外国籍の人との交流

だけではありません。地方での田舎暮らし体験なども含まれます。

アドベンチャー体験をする

　日常生活や相談援助の仕事では体験できない「アドベンチャー体験」はストレスケアの効果も高く、脳を活性化させ、モチベーションをアップさせることができます。

・**空のアドベンチャー体験**
　バンジージャンプ、パラグライダー、スカイダイビングなど
・**川のアドベンチャー体験**
　カヌーの川下り、ラフティング、キャニオニング、渓流釣りなど
・**山のアドベンチャー体験**
　キャンプ、登山、マウンテンバイク、アスレチック、トレイルランニング、冬期のスキー、スノーボードなど
・**海のアドベンチャー体験**
　サーフィン、シーカヤック、スキューバダイビング、パラセーリング、フィッシングなど

20 フィジカル モチベーション
── 感情行動トレーニングと スポーツトレーニング

感情がフィジカルな動きを生む

私たちは知り合いでなくても、電車で会った他人の表情や態度、動作からその人の感情をおおよそ予測することができます。なぜなら、感情から表情や動作・態度が生まれていることを体験的に知っているからです。

感情から生まれる次のような一連の動作を「**感情行動**」と私は呼んでいます。

〈楽しい〉

微笑んだ表情、笑っている口元、高い声、明るい眼差し、おだやかな瞳、やさしい目元

〈つらい、落ち込んでいる〉

口がへの字、唇をかみしめている、伏し目がち、泣き顔、声が低い、背中を丸めている

〈怒っている〉

眉間に皺、睨みつける目、声が荒い、乱暴な言葉、紅潮した顔、不機嫌そうな口元

英語で感情を「emotion」と表記するように、**動作・行動の「motion」とは密接の関係**があります。感情が行動を起こす原動力であり、行動のきっかけが感情であることを意味しています。

感動行動で「感情」を湧き上がらせる

一般的に感情が先に湧き上がって感情行動が行われていると解釈されています。しかし、逆説的にいえば、ある感情行動を行うと次第にその感情を湧き上がらせるということも可能です。

つまり、感情行動を読み解くことで本人の今の感情（気持ち、機嫌）とモチベーションレベルを把握できるわけです。ケアマネジャーがクライアントの**感情行動を模擬的に真似る**ことでさまざまな感情を自分のなかで生み出したり、モチベーションアップやダウンを模擬的に体験することは可能です。

・こぶしを上げたり手を振ったりする動作をすると応援したい感情が高まる

・声を上げ口角を上げて「ワッハッハー！」と笑ってみると面白い感情がこみ上げてくる

・にらみつけ、大声で喚く・啖呵を切ると怒りの感情が湧いてくる

この手法を仕事で活用しているのが俳優です。脚本上で設定された状況に合わせて、舞

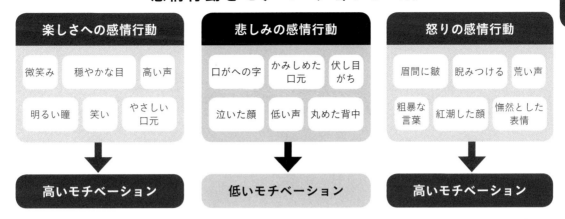

●感情行動とモチベーションレベル●

台やカメラの前で、いきなり役柄の感情をすぐに湧き上がらせることは至難の技です。

俳優はその感情を引き起こすためにあえて極端な「感情行動」をとることによって役柄の感情をかき立てる**演技（心理的作業）**を舞台やカメラの前で行っています。

実は、モチベーションアップでも同様の手法をとることができます。モチベーションが上がる感情行動をとることで、次第にモチベーションがアップしていくのです。感情行動を身につけるトレーニングを通してモチベーションアップを図りましょう。

感情行動トレーニングでモチベーションアップを図る

感情行動トレーニングは、俳優の演技トレーニング（エチュード）を参考にするととても効果的です。

1）笑ってみる・微笑んでみる

笑いモチベーション（P130）で述べたとおり、笑いにはさまざまな効果があります。とにかく笑ってみる・微笑んでみることで楽しい気分になってきます。

〈トレーニング〉

両方の口角を上げて「ハハハッ」と声をだして笑ってみる。次第に声を大きくする。首を立てに振り、両手で拍手をしながら笑う。

鉛筆か割り箸を使い、両方の奥歯で噛んでニッコリと口角を上げる。

鏡を見て、口角を上げて微笑みの表情を作り「今日も頑張ろう」と語りかける。

2）背筋を伸ばしてみる

姿勢は感情に大きく影響します。ネガティブな気持ちの時は、前かがみの姿勢になり視線は下になっています。

〈トレーニング〉

背筋を伸ばし、胸筋を開くと呼吸が楽になる。上を向いて視線は遠くを見つめる。

3）速足で歩いてみる

落ち込んでいる時は足取りは遅くなりがちです。前向きな気分になるために腕の振りを

●感情行動のフィジカルトレーニングでモチベーションアップ●

❶笑ってみる	❷背筋を伸ばす	❸速足で歩く

❹身体を開く	❺セリフを言う

速め、歩く速度をわざと上げてみます。

〈トレーニング〉

　通常の1.2〜1.5倍の速度で背筋を伸ばして歩く。景色を眺めながらがよい。

4）身体を開いてみる

　身体が緊張して強張ったり縮こまったりしていると気持ちがネガティブになりやすく、気分も窮屈になりがちです。身体を開くことを意識した動作を行います。

〈トレーニング〉

・両腕を大きく広げる

・リズムに合わせて身体を揺らす

・ラジオ体操などの運動を行う

5）セリフを言ってみる

　落ち込んでいる時はネガティブワードが多くなりがちです。明るくワクワクするセリフで脳にポジティブワードを入れます。

〈トレーニング〉

・「ふわふわして気持ちいいなぁ！」

・「よし、○○ができた！　やった、やった！」

・「明日の○○が楽しみだぁ！」

スポーツでモチベーションアップを図る

　スポーツは対戦相手と競い合ったり、目標や記録に挑んだりするように、もともと高いモチベーションが求められるものです。

●スポーツトレーニングでモチベーションアップ●

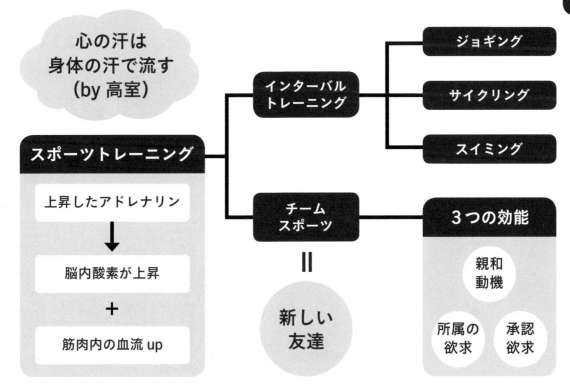

対人援助職や相談援助職は感情労働に携わっているため、**身体的疲労より精神的疲労が強い**ことが特長です。

頭と心を使うモチベーションアップの方法以外に、スポーツトレーニングでモチベーションアップをする方法がおススメです。スポーツをすると上昇したアドレナリンが血流に一気に流し込まれます。脳内の酸素が増えて集中力が向上し、筋肉内の血流も増え身体的パフォーマンスが一時的に上がります。

1）インターバルトレーニング

なかでもストレス発散にも効果のある**きつめの運動とゆるめの運動を交互にするイン**

ターバルトレーニングがよいとされます。

種目はランニング（ジョギング）、サイクリング、スイミングなど自分一人でもできるスポーツがよいでしょう。トレーニングジムに通って習慣化するのも方法です。

2）チームスポーツ

サッカーやフットサル、バスケット、バレーなどのチームスポーツは業界や年代を越えた新しい友人や仲間ができるチャンスです。**親和動機と所属の欲求、さらに承認欲求も満たされる**ので、モチベーションアップには両面から効果的です。

21 環境作り
—— 潜在意識をモチベーションアップする

私たちの無意識下（潜在意識）でどのようなことが起こっているのだろうか

　私たちの脳はどの範囲まで意識しているでしょうか。「ブランコに乗って空を眺めているだけで心が落ち着く」「朝の日差しを浴びると元気が湧いてくる」なんて経験をしたことはありませんか？　反対に「この部屋にいるだけで気持ちが滅入ってくる」とモチベーションがダウンした経験はありませんか？

　私たちが意識して行動することは氷山の一角です。多くは**無意識（潜在意識）の働きで行動や感情が操作されている**ともいわれます。

　脳が意識して考えられるのはせいぜい50〜90分が限界とされています。ところが寝起きや入浴中、散歩をしている時に「あっそうか！」とひらめくのはなぜでしょう。実は**無意識下で潜在意識（脳）が考え続けている**からです。この無意識下の脳の働きをモチベーションに活用しましょう。

・歩いている最中にひらめく
・寝つけない時にアイデアが浮ぶ
・入浴中にフト、ひらめく

環境が無意識のモチベーションにどのような影響を与えているのか

　しかし、潜在意識下のモチベーションアップはなかなかやっかいです。**意識することができないのに影響力は大きい**のが特長だからです。

　意識されなくても潜在意識のモチベーションに影響を与えるのが私たちの**五感（五つの知覚）**です。それは天候やモノの状態などの「環境」に大きくかかわりがあります。

・視覚：明るい、うす暗い、真っ暗など
・聴覚：静か、騒々しい、うるさいなど
・触覚（皮膚感覚）：暑い、暖かい、寒い、冷たい、ひりひり、すべすべ、ザラザラ、ネトネトなど
・嗅覚：甘い香り、臭い、腐臭など
・味覚：甘い、渋い、酸っぱい、苦い、辛い、しょっぱいなど

　これらの環境が私たちの知覚を刺激して感情に大きく影響しています。では、どのように環境作りに「ひと工夫」すればモチベーションアップに効果的な「環境作り」ができるでしょうか。

●環境作りで潜在意識をモチベーションアップ●

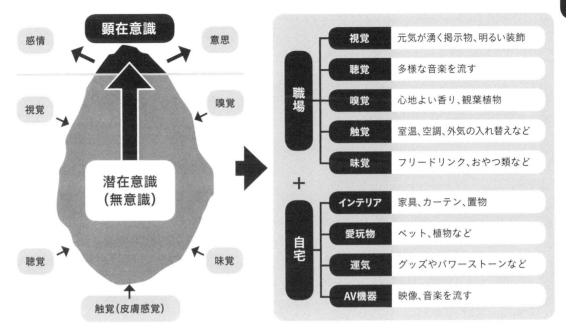

環境作りで モチベーションアップをする

　皆さんの職場は、どのような環境にありますか？　仲間同士がねぎらい合う場所になっていますか？　新しい情報や手法を学ぶ成長・向上の場となっていますか？

　一日の流れや業務に合わせてモチベーションアップする（モチベーションがダウンしない）環境を作りましょう。

〈職場環境〉

□**視覚**：机の上や職場の壁に元気が湧いてくる写真や落ち着く写真、絵画を飾る

・アスリートたちの競技シーンや優勝シーン

・職場の写真

・家族やペットの写真

・ヒーリング系の写真

□**聴覚**：休憩時間にアップテンポ系、ヒーリング系、ハッピーソング系の音楽を流す

□**嗅覚**：よい香りの香水、竹炭を飾る、花を飾る、観葉植物を置くなど

□**室温・空調**：室温を調整する（※冷え過ぎない、暖か過ぎない）、窓を開け外気を入れる・採光する

□**整理整頓**：一日のなかで定時の片づけタイムをとる（※片づけをチームでやる）

□**模様替え**：定期的（例：6か月ごと）な席替え、机やオフィス家具の配置替え

□**装飾**：職場、トイレ・玄関を明るく装飾する、花などを飾るなど

□**味覚**：フリードリンク、おやつ類など

〈自宅環境〉

　皆さんの自宅（自室）はどのような環境ですか？　そこは「**プライベートな世界**」です。モチベーションアップだけでなく、気分

転換ができたり落ち着けたりする環境であることが大切です。

□**インテリア**：アトリエ風、木目調、アニメ調など心地よさを意識した家具やカーテン、置き物などの装飾に凝ってみる

□**愛玩物**：ペットや植物に愛情を注ぐ行為は

モチベーションアップにはとても効果的。

□**運気**：運気を上げるグッズ、スピリチュアル系のパワーストーンなど

□**AV機器**：モチベーションアップやリラクゼーションできる映像や音楽に包まれる

COLUMN　高室流モチベーションアップ術「3つの極意」

　私は「元気が湧いてくる講師」と呼ばれています。そんな私のモチベーションアップ「3つの極意」は極めてシンプルなものです。

　第1の極意は

「悩むより"どうするか"を考える」。

　20代は悩むことが大好きでした。深く考えているから悩むんだという〈理屈に憧れていたわけです。しかし、悩んでも一向に悩みは解決しません。だって何も行動に移していないからです。それと悩んでいる自分にやがて飽きてしまう自分がいることも発見。発想を変えてから悩むことは激減しました。

　第2の極意は

「心の汗は身体の汗で流す」。

　私だって正直泣きが入る時もあります。ストレスだって半端ない時も。もちろんモチベーションはダダ下がりです。そんな時は悩むよりスポーツジムで身体を動かし血流を上げてモチベーションホルモンを活性化させます。1時間後、細

胞レベルでスッキリし、しっかりとモチベーションアップできている自分がいます。

　第3の極意が

「みんなから元気をもらう」。

　研修会ではさまざまなモチベーションワードを発信します。動作・表情・声にも配慮します。そして重いテーマでも明るく進めます。共感と納得、気づきの笑いが起こり、研修中にモチベーションアップできるようにかなり工夫します。

　元気になっていく皆さんから「元気をもらう」ことが私のモチベーションアップの最大の極意なのです。

PART **4**

モチベーション支援
―応用編―

1 クライアントへの モチベーション支援

クライアントの モチベーションレベルと モチベーション支援の必要性

　皆さんはクライアントのモチベーションレベルをどのように評価していますか？

　実は、初めて要介護状態になった人と既に数年が経過した人、幼少期から障がいのある生活を送ってきた人では、モチベーションレベルを同じように語ることはできません。さらに本人へのサポートの状況、置かれた生活環境や地域環境、生育歴、家族構成、職業歴、生活体験によっても異なります。

　あなたが「クライアントは支援を必要とする社会的弱者だ」という一種の**パターナリズム**に囚われているなら、本人のモチベーションレベルを低く見立てているか、まったく評価しない危険性が潜んでいます。

　クライアントの**生きる尊厳**を守るとは、心身にどのような疾患や障がいがあっても「**本人（自分）らしい人生（暮らし）**」を社会的に支えていくことがその本質であり、そのために今、注目されてきているのがモチベーションへの支援なのです。

クライアントごとに モチベーション支援用の 「トリセツシート」を作る

　Part 3で展開した21のモチベーションメソッドは自分自身だけでなく、クライアントのモチベーション支援にも応用できます。ただし、クライアントの価値観や性格、考え方の傾向、生活歴、家族歴、さらには「これまでのようにして問題を克服してきたか（**レジリエンス経験**）」、現在の体調や家族のなかでの立場、置かれた住環境、生活の困難さなどに十分配慮しなければ、単なる命令や押しつけとなってしまうので注意しましょう。

　そこでクライアントごとに異なるモチベーションスイッチを整理した「**モチベーション・トリセツシート**」を作成してケアチームで共有することを提案します。

　クライアントがどのような言葉がけやモチベーション支援に反応し、日々の暮らしや心身の状況に効果があるか、を整理しまとめたものです。多様な人がかかわるからこそ情報を共有し質の高いクライアント本位のケアを実現するのが「トリセツシート」なのです。

●トリセツシートを作ろう●

Q1　インテークの時、不安な気持ちを話す人のモチベーションアップはどのようにすればよいでしょうか？

（ケアマネジャー歴2年・女性）

　インテークの場面ではお互いが初対面同士です。ですから、緊張するのは当たり前です。これからの生活や身体のことへの不安だけでなく、ケアマネジャーであるあなたが「どういう人なのか、どのように付き合えばよいか」がわからない不安もあるでしょう。

　アセスメントにあたり現在の暮らしの困り事を初めに聴き取ると「困った暮らしぶり」ばかりにフォーカスすることになります。クライアントの「本人らしさと強さ」を把握するためには聴き取りの順番を変えてみましょう。

　「これまで」の生活習慣や暮らしのこだわりなどを聴き取った後に「今、困っている事」を問いかけ、困り事を整理します。次に「では、ご自身としてどうしたいのですか？」をスムーズに聴き取りましょう。

I）価値観モチベーションを使う

　価値観とは**本人の判断基準・行動基準**です。

　どのような価値観を大切に暮らしてきたのかを聴き取ります。価値観そのものでなく生き方基準や生活信条などから示唆的に問いかけてみるのもよいでしょう。

- 「お元気な頃の暮らしぶりを聴かせていただけますか？……そのなかで特に大切にされてきたことはどのようなことですか？」

　価値観には生活信条、モノ基準、コト基準などがあります。とくにコト基準は「誰と何をどこで」が大きく影響するので話題に広がりが生まれます。

＜レジリエンス＞　　　　　　　☞P44

　レジリエンスとは「回復力」「折れない心」のことです。これまでの疾患・障がい・手術歴などを聴き取り、本人がどのように向き合い、乗り越えてきたかを把握するプロセスで本人が持つ強さを承認する言葉を贈ります。

- 「○○の疾患（障がい）とどのように向き合ってこられたのですか？」

・「そうなんですか……それはすごいです。つらいのによく頑張られたと思います」

Q2　ケアプラン作成にモチベーションメソッドは応用できますか？

（ケアマネジャー歴4年・男性）

　ケアプランはクライアントとケアチームをつなぐシートです。チームケアの連携シートであり情報共有シートです。アセスメントの時やプラン説明時にモチベーションメソッドをいろいろと試してみましょう。

1）クライアントの意向

　意向とは「これからの暮らし」を視野に入れた未来形で語られるものです。しかし「これまでの暮らしぶり」や困り事、希望するサービスの内容ばかりが記載されがちでした。意向への問いかけを内的動機づけや期待モチベーションを参考に行ってみましょう。

＜内的動機づけ＞　　　　　☞P36
・「今の暮らしぶりのどのあたりを工夫すればもう少しラクになると思われますか？」
・「もし仮に○○がよくなれば、ご自分としてどのようなことをされたいですか？」

＜期待モチベーション＞　　　☞P118
・「先々、どのようなことをやってみたいと期待されますか？」
・「ご家族はどのようなことを期待されていると思われますか？」

2）課題設定・目標設定

　課題は、本人（家族）の生活への意向を実現するための「**めざす（望む）暮らし**」で

す。目標とは課題の実現にむけた「**目安**」です。目標の設定は、課題実現のために3〜6か月ごとに**逆算式**で設定します。

　課題と目標の設定はコーチング手法を使うと**クライアントの自律意識とプランへの参画意識**が促されて効果的です。

＜コーチング＞　　　　　　☞P100
・Will：「1年後、どのように身体（体調、生活動作、暮らし方）が改善していればよいと思われますか？」
・Image：「もし○○ができるようになれば、暮らしはどのように変わりますか？」
　　　　：「○か月後に△△をどこまで改善しておきたいと思われますか？」

3）サービス内容・サービス種別の設定

　サービス内容は目標を達成するための「段取り」です。サービス種別はサービス内容の役割担当であり「活用できる資源」です。**自助の意識を促す**ためにも、ここでもコーチング手法が効果的です。

＜コーチング＞　　　　　　☞P100
・Drive Map：「○○をよくする（改善する）ためにはどのように取り組めば〜〜の暮らしが取り戻せると思われますか？」
・Source：「ご自身なり（自助）にやれそうなことはどのようなことがありますか？」
　　　　：「介護（障がい）サービスにはどのようなことを望まれますか？」
　　　　：「ご家族に頼りたいことにはどのようなことがありますか？」
・Maintenance：「○○の短期目標のために毎

日、ご自身なりにどのようなことを
やってみたい（やり続けたい）と思
われますか？」

**Q3 モニタリングの訪問時、クライアン
トのモチベーションアップにはどの
ような活用方法があるでしょうか？**
（ケアマネジャー歴7年・女性）

モニタリング訪問ではクライアントの心身
の状況や前回からの変化の把握・分析、予測
されるリスクへの対応を行いますが、クライ
アントに寄り添う傾聴とともにモチベーショ
ンアップのためのかかわりは大切な直接援助
といえます。

クライアントと信頼関係を近づけるには感
謝モチベーションが効果的です。感謝される
ことでクライアントのなかに自己肯定感が生
まれ、ケアマネへの親和動機が醸成されま
す。また承認欲求を満たすには満足度モチ
ベーションなどが効果的です。

＜感謝モチベーション＞　　　☞P86
・感謝：「前回、教えていただいた〜〜のお
話がとても参考になりました。**ありがとう
ございました**」

＜満足度モチベーション＞　　　☞P67
・達成感・成功感タイプ：褒める：「○○が
できるようになって、**すごいですねぇ（よ
かったですねぇ）！**」
・人間関係タイプ：苦労を傾聴：「この1か
月、いろいろと**つらいことがあったかと思
います。**よかったら聞かせていただけます
か？」
・自己成長・自己実現タイプ：教えてもら

●満足度モチベーション（達成感・成功感タイプのアプローチ）●

すごいですね！

う：「どのようにして○○ができるように
なったか、**教えていただけますか？**」
・社会的評価タイプ：貢献の気持ちに着目：
「○○さんの頑張りの成果を**他の皆さんに
ご紹介していいですか？**　もちろんお名前
は匿名です」
・生活の安定タイプ：家族を褒める：「○○
ができるようになってご**家族の皆さん**はど
のように**おっしゃっていますか？**」

> **ポイント**
>
> ・生きることの尊厳を守る上でモチ
> ベーションへの支援は重要
>
> ・いろいろな場面でモチベーションメ
> ソッドを試みてみる
>
> ・クライアントごとの「トリセツシー
> ト」を個別支援に活かす

2 家族への
モチベーション支援

家族のモチベーションレベルは「性格・体力、介護歴、家族関係、ケア技術」が影響する

　家族のモチベーションレベルは、初めて介護を体験する家族と既に介護を始めて数年経過した家族、幼少期から障がいのある家族をケアしてきた家族ではかなりの差があります。さらにクライアントの疾患や障がいのレベルから性格や気質、そして家族関係、信頼関係なども大いに影響します。

　日本の家族には「**非選択性と非解消性**」という特質があり、血縁信仰といまだ消えぬ家長主義が家族間やきょうだい間の力関係に微妙な影を落としています。

　また、「利用者本位の原則」が、家族介護者を「介護資源の1つ」としか見ない原因となっています。家族介護者はケア技術を学ぶ機会もなく、一方で仕事との両立に悩み、心身の健康を崩しています。

　介護へのモチベーション低下は介護ストレスと介護事故、家族虐待のリスクを高めるばかりです。家族のモチベーション支援こそ、今求められています。

家族の6つの介護ストレスとモチベーション支援の必要性

　家族介護者への支援は家族の介護ストレスを緩和・解決すること、家族自身の健康を守ること、家族自身の人生を守ることが目的です。介護ストレスの原因には主に以下の6つがあります。

- 家族介護者の身体と心の健康
- 被介護者との人間関係
- 家族・親族関係と役割分担
- ケア技術の経験値と習熟レベル
- 住環境と地域環境（近所関係含む）
- 家計・就労・学業とのバランス

　これらの緩和・解決が、介護・障がいサービスだけでできるわけではありません。これらの介護ストレスに家族が前向きに取り組むためには、ストレスケアだけでは不十分であり、ケア技術の習得支援や就労支援も必要です。特に長期間にわたる家族介護には**モチベーションの維持**が必要なのです。

　ケアマネ・福祉職の直接援助の1つとしてモチベーション支援が求められている理由がここにあるのです。

Q1 介護ストレスで潰れそうになっている家族へのモチベーション支援はどのようにすればよいでしょうか？

（ケアマネジャー歴3年・男性）

　家族はなんらかの介護ストレスを抱えています。そのストレスが先の6つのどれに当てはまるのか、どれくらい過度なレベルになっているかで活用するモチベーションメソッドは異なります。著名人の介護奮闘本に触発されて「介護は家族だからこそ……」と思いつめている人には憧れモチベーションや期待モチベーションはプレッシャーになるリスクがあるので注意しましょう。

＜言葉モチベーション＞　　　　☞P122

　言葉は人の心を癒し励ます効果があります。しかし、プレッシャーを与える「〜するべき」「普通は〜」のマイナス言葉は避け、プラスの言葉がけを試してみましょう。

・「大丈夫、なんとかなります」
・「〇〇さんのおかげで〜〜ができるようになったと思いますよ」
・「〇〇さんほど〜〜されている方はなかなかいらっしゃいません」

＜親和動機モチベーション＞　　　☞P74

　家族介護者は悩みを共有する場もなくとても孤独です。ケアマネジャーのあなたではなく、同じ苦労やつらさを自己開示できる家族介護者との「息抜きのしゃべり場」が家族のモチベーション支援となることもあります。

・「〇月〇日に家族介護者の会があります。一度そこでお話しされてはいかがでしょうか？」
・「他の家族のノウハウやちょっとした工夫

●**親和動機の活用**●

を聴いてみるのもとても参考になります」

＜フィジカルモチベーション＞　　☞P138

　24時間の介護が必要となると外に出かけることも減り、ひきこもりがちになります。提案するだけでなく、時には10分程度、一緒に散歩する、体操をするのもフィジカルトレーニングとなってよいでしょう。思わぬ本音を聞けるチャンスだったりします。

・「先日、ちょうどいい体操を教わったんです。ご一緒にやりませんか？」

Q2 家族の頑張りにどのようなモチベーション支援ができるでしょうか？

（ケアマネジャー歴6年・女性）

　介護をする家族の顔ぶれは配偶者だけでなく、既婚・未婚の子どもから孫までとても広がっています。**介護スタイル**も同居介護だけ

でなく、通い介護（近距離、遠距離）も一般的になりました。家族介護も食事・排泄・入浴などの**直接介護**だけでなく、スマートフォンを使った話し相手や見守りなどの**間接介護**など、とても多様になっています。

　メディアの「悲惨・壮絶な介護」報道に翻弄され家族介護にマイナスイメージ一色の人もいまだ多くいます。ところが大変な苦労はあっても介護を前向きにポジティブに取り組もうと頑張っている家族の方々もいます。

　しかし介護期間が５〜10年以上の長きにわたるケースも増え、家族へのモチベーション支援はケアマネジャーの大切な支援内容になってきています。

＜内的動機づけ＞ ☞P36

　内的動機づけの基本の１つが成長欲求と承認欲求です。苦手な介護も"**デキるようになりたい**""**家族・親族に認められたい**"と思う成長欲求と承認欲求を尊重するモチベーション支援をしましょう。

① 知る、わかることが増える
・「介護をやってみてどのような気づきや発見がありましたか？」

② うまくできることが増える
・「○○ができるようになったんですか！それはすごいですねぇ」

③ 自分で工夫ができる
・「ずいぶんと上手にやられているようですが、どのように工夫されているか、教えていただけますか？」

④ 周囲から評価される
・「他のご家族やご近所さんから○○さんはよくやっているとうかがっています！」

⑤ 役割を任されやりがいが生まれる
・「○○の介護はさすがに根を上げる人が多いですが、やりがいを感じていらっしゃるのは素晴らしいです」

＜感謝モチベーション＞ ☞P86

　私たちは感謝するより「感謝される」ことで自己肯定感と自己有能感に包まれ、モチベーションがアップします。感謝を直接伝えるだけでなく、**第三者を通して伝えると効果的**です。

・「お母さんがデイサービスで○○さん（子ども）にとても感謝されていました」

＜期待モチベーション＞ ☞P118

　人は期待されることで成果を出すというピグマリオン効果を使って家族のモチベーション支援を行いましょう。

・「○○さん（家族）は〜〜ができるようになりましたから（**強みに着目**）、今度も必ず△△はできるようになると思って期待しています」

＜ポジショニング＞ ☞P70

　きょうだい間で揉めるのが親の介護を誰が担うかです。長男・長女が担うこともあれば「近場のきょうだい」が担う例も増えています。

・「ごきょうだい間でいろいろあると思いますが（立場への配慮の言葉）、本当に頑張っておられると事業所で話しています」

Q3　男性介護者へのモチベーション支援はどのようにすればよいでしょうか？

（ケアマネジャー歴４年・女性）

　今、介護者の４人に１人が男性です。夫だ

●男性介護者へのモチベーション支援●

けでなく息子・孫が介護を担っています。

　男性介護者特有のストレスは「男性の７大特長」（本音よりも建前、完璧主義、寡黙が一番、目上に弱いタテ意識、張り合う・競い合う、メンツ第一、力任せ）が大きく影響し、まさに男性介護者を追いつめています。

　男性介護者はケアマネ・福祉職の「悩みの傾聴と受容・共感」だけでなく「**実績（やりとげた成果）の傾聴と評価とアドバイス**」を求めます。これらには個人差はありますが、男性介護者特有のモチベーション・ポイントにあった支援を行いましょう。

＜外的動機づけ＞ ☞P40

　男性介護者のモチベーションフレーズは「**褒める言葉、高めの評価**」です。

・褒める：「さすがですね、すごいですね、とても上手ですね、プロ並みです」など

・高めの評価：「ここまではやる人はなかなかいません、素晴らしいです、予想外でした」

＜劣等感パワー＞ ☞P90

　男性介護者の多くは家事や介護が初体験のため劣等感を抱きがちです。失敗体験は「恥」

なのであまり話そうとはしません。

　そのため余計に慎重になり、仕事のように完璧に介護に取り組みます。「適切・適宜・随時」という言葉は混乱をまねくだけなので、具体的な複数のアドバイスやコンサルテーションが効果的です。

　本人の介護や家事への苦手意識や劣等感を意欲に転換するモチベーション支援を行います。

・「とても慎重に丁寧に介護をしようとされているのは、素晴らしいことだと思います」

・「栄養士さんからのアドバイスで、食事の味つけは〇〇でやるか、△△でやるとよいとおっしゃっていました」

> **ポイント**
>
> ・６つの介護ストレスがモチベーションにどう影響しているかを把握する
>
> ・家族の頑張りには「成長欲求」に着目したモチベーション支援を行う
>
> ・男性介護者には外的動機づけで「褒める言葉、高めの評価」で支援する

3 ケアチームへの モチベーション支援

現場のモチベーションレベルは採用状況と定着率、人材育成、チームのまとまりに着目する

ケアを提供するのは現場です。多職種で構成されたケアチームがより質の高い自立（自律）支援のサービスを提供できるために「**黒子（くろこ）**」となってマネジメントするのがケアマネジャーの役割です。

介護・福祉の在宅支援では、同一法人ではなく多様な法人事業所が連携をとりケアサービスを提供しています。そのため「**ケアの一貫性**」と「**ケアレベルの維持**」が常に課題となります。

重要なことは、ケアの質に影響する現場のスキルとモチベーションレベルは採用状況と定着率、人材育成、チームのまとまりにおおいに左右されるということです。

求められる質やスキルが未熟でもそれを改善させるのが現場の向上心と日々の努力です。その支えになるのがモチベーションです。利用者（家族）支援で疲弊しがちな現場を元気づけるモチベーション支援はケアマネジャーの重要な役割であり、現場も求めています。

「感情労働」の最前線である現場のモチベーション支援のポイント

ケアという仕事は「もっとも過酷な感情労働」（A.R. ホックシールド）であり、その最前線が現場です。

さまざまな生きづらさを抱えるクライアントに向き合うケア現場の人たちは常に強いストレス下にいて、クライアントや家族からの心ないハラスメントに本人も気づかぬうちに深く傷ついています。しかし、人材難のため「今日は休む」という選択肢はなく、ストレスを抱えながらもケアを行なわなければならないつらい現実があります。だからこそモチベーションアップが重要になってくるのです。

PART 3 の21のモチベーションメソッドはどれも効果があります。とりわけ次のモチベーション技法を活用してみましょう。

・内的動機づけ（成長欲求）
・貢献と感謝
・期待モチベーション
・体験モチベーション
・親和動機モチベーション
・興味・関心パワー　など

●サービス担当者会議はモチベーション支援の場●

Q1　サービス担当者会議でのモチベーション支援はどのようにすればよいでしょうか？

（ケアマネジャー歴４年・女性）

サービス担当者会議がモチベーションアップの場となる勘所は、ケアマネジャーからの発信だけでなく、参加者同士でモチベーションがアップする言葉のやりとりがされるようにファシリテーションすることです。

＜感謝モチベーション＞　☞P86

感謝の言葉はかけるより、かけてもらうほうがずっとモチベーションがアップします。利用者（家族）から感謝の言葉があったらすかさず次のフレーズにつなぎましょう。

・「今の感謝の言葉を**ぜひ現場の○○さんたちにお伝えください**」

＜期待モチベーション＞　☞P118

ケアプランは３か月〜１年後を目指した未来シートです。そこに書いてある課題と目標はいわゆる「**期待する姿**」です。達成の可否でなく、**取り組まれたプロセスを評価**しましょう。

・「以前から○○さん（事業所さん）がとても熱心に〜〜を取り組まれていると感心していました。少しお話いただけますか？」

＜体験モチベーション＞　☞P134

成功体験は自己肯定感と自己効力感をアップさせてくれます。利用者や家族、サービス事業所から成功体験を話してもらい、お互いに認め合うことで承認欲求も満たされます。

・「○○の動作がどうして上手にできるようになったか、お話いただけますか？」

成功体験は必ず事業所の現場の皆さんにも伝えてもらうように促しましょう。

また、クライアントは初めてのことには不安が先行し、やる気が起きないものです。いくつか成功例を挙げ「お試し体験」を提案してみます。

・「一度試しにやってみて、その後で続けるかどうかをご相談しませんか?」

Q2 現場の頑張りにどのようなモチベーション支援ができるでしょうか?

(ケアマネジャー歴 8 年・女性)

施設介護と異なり、在宅支援ではサービス現場の人が一堂に介することはありません。「顔が見えない関係」だからこそ、サービス事業所や医療職などとの信頼関係作りは、モチベーションメソッドを使ってサービス担当者会議の場で意図的に行うようにしましょう。

特にサービス担当者会議は管理者が参加することが多いので、現場への伝達も意図的に会話のなかに織り込みます。

<内的動機づけ>　　　　　　☞P36

内的動機づけの基本の 1 つが成長欲求です。大きな改善ではなく、クライアントや事業所が取り組んだ「小さな成功体験とささやか達成感」に着目したモチベーション支援をしましょう。

・「この〇か月で、なんとかうまくできるようになったことをお話いただけますか?」

・「それはすごいですね! 次はどのようなことに取り組んでみたいと思われますか?」

成功体験や達成感を得られたエピソードに共感や賞賛を示すことで承認欲求が満たされ

モチベーションがアップします。

<期待モチベーション>　　　　☞P118

ケアチームはクライアントの意向や課題に向かって連携しながら実現を目指します。しかし、ケア現場はケアプランや個別サービス計画などに書かれたこと(業務)のみを行うことになりがちです。

ケア現場の頑張りと責任感を引き出すには「期待をかける」ことです。

・「〇〇さんが 6 か月間、そちらのデイサービスを利用すると、どのようなことが期待できますか?(できそうですか?)」

・「現場では〇〇さんにどのような期待を持ってかかわっていこうとされていますか?」

<親和動機と所属の欲求>　　　☞P74

介護・福祉関係で働く人のなかには人間関係に敏感な親和動機が高い人が比較的多くいます。また自分の居場所があるだけでなく、その所属先が社会的にもイチ目置かれたいと望む所属の欲求が高い人もいます。

事業所を訪問したり、ケア提供の現場に立会い、直接の声がけをするのもモチベーション支援にはとても効果的です。

・「〇〇さん(〇〇事業所さん)がケアチームにいていただくととてもありがたいです」

・「さすが〇〇さん(事業所さん)ですね、〜〜の取組みは素晴らしいと思います」

ケア現場の「担当者の頑張り」をモチベーション支援するためには何度も「名前」を強調する、「クライアントの〇〇さんがとても〇〇だと感謝されていました」とクライアントの言葉を伝えるなどの心配りが大きなモチベーション効果を生みます。

●直接の声がけでモチベーション支援を●

○○さんが
いてくれて
ありがたいです

Q3 支援困難ケースへのモチベーション支援はどのようにすればよいでしょうか？

（ケアマネジャー歴4年・女性）

支援困難ケースへのモチベーション支援がとても重要なのは、苦情が多いクライアントへのケア提供は気が滅入ることも多く、現場の意欲を大きく削いでしまうからです。

ストレスや怒りを根性論で抑制するのではなく、前向きな気持ちでケア提供ができるモチベーション支援を行います。

＜内的動機づけ＞ ☞P36

指示だけでは「やらされ感」しかなく、「自分（事業所）なりに〜〜したい」という自己決定が基本です。支援困難ケースにかかわりながら「学びと成長」に着目したモチベーション支援を行います。

・「このケースへのケアで個人的（事業所的）にどのようなことが学べる（成長できる）と思いますか？」

＜興味・関心パワー＞ ☞P106

苦情などの怒りの感情は、実はまっとうな感情です。ただ何に、なぜ、そこまで怒るのかがわからないから現場は戸惑うことになります。そんな本人にじかに寄り添い、興味・関心パワーでケア提供できるのも現場です。発想を変えるだけで支援困難ケースは多くの学びと成長のチャンスとなるでしょう。

・「ご本人が何に怒っているのか、何が嫌なのか、現場で観察して教えてもらえますか？」

> **ポイント**
>
> ・現場のモチベーションはケアレベル、個人スキル、チームのまとまりが影響する
>
> ・会議の場を通して現場を応援する・元気づけるファシリテーションを行う
>
> ・支援困難ケースへの支援は「学び・成長」に着目した意味づけを行う

4 新人への モチベーション支援

新人育成に求められる モチベーションの「3つの背景」

新人のケアマネ・福祉職の育成において必要性が俄然着目されているのがモチベーション支援です。その背景には3つあります。

第1が相談援助技術や介護技術などは理論と実践が蓄積されてきていますが、ストレスケアやアンガーマネジメントなどのメンタルヘルスケアしかありませんでした。

第2の背景が支援困難ケースや苦情の急増で、これまでの相談援助技術では対応が困難になり、求められる能力もレベルが上がり、現場が疲弊していることです。

第3の背景がケアマネ・福祉職の「質的変化」です。高度経済成長期に育った人たちは自己肯定感が比較的高く、いろいろ苦しい経験をしても「なんとかやってこられた**レジリエンス体験**」を持っています。

しかし、ここ10数年でケアマネ・福祉職になった層はバブル崩壊以降の「失われた10年」を経て「将来が見えない不安」を抱えており、自己肯定感や自己効力感も低く、レジリエンス体験も不足しているのが特長です。

新人育成のモチベーション支援のポイント ～長持ちする新人をどう育てるか～

ケアマネ・福祉職が一人前の仕事を担えるまでには3～5年は必要です。その間にさまざまなケースを経験し、実践的な「知識と技術」を身につけることになります。

しかし、ケアマネジャーの場合、職場環境が3人以下の事業所が大半なため人材育成がシステム化されていません。また、定着率が低い職場環境では「教わる先輩が不在」なため、自己流で仕事をこなさざるを得ないなどの厳しい現実があります。

参考にしたい「**ロールモデル**」がいないなかでは自主研鑽が基本となります。初期の段階でのつまづきや失敗に対して適切な指導がなければ、「失敗体験」として学習します。やがて潜在化した劣等感となって本人の意欲を蝕むことになります。

しかし、それをレジリエンス体験のチャンスとして位置づけ、前向きに取り組めるなら**「しなやかで強い、長持ちのする専門職」育成のきっかけ**とすることができます。

●ノートを使ったレジリエンストレーニング●

Q1　「やっていけるか」と不安を抱える
　　　新人へのモチベーション支援はどう
　　　すればよいですか？

（ケアマネジャー歴12年・管理者：女性）

　新人のケアマネ・福祉職が初めての業務に
「やっていけるか」と不安を抱くのはむしろ
誠実な姿勢です。ただ「続けていけるか」と
不安を抱いているなら早めにスーパービジョ
ンを行い、不安を整理し、原因と改善の方向
性を話し合いましょう。その際にモチベー
ション支援はとても効果的です。

＜キャリアデザイン＞　　　　　　☞P60

　多くのケアマネ・福祉職は複数の法人や職
場を経験して今があります。キャリアデザイ
ンの視点からモチベーション支援します。

・「○○が改善されたら、専門職としてどの
　ようなスキルが身についたと思いますか？」

＜内的動機づけ＞　　　　　　　☞P36

　内的動機づけである成長欲求に着目し、ど
のようなケアマネ・福祉職を目指したいの
か、にズバリ踏み込んだ問いかけも効果的で

しょう。

・「○○さんはこの仕事を選ぶ時、どのよう
　な専門職になりたいと考えたのですか？」

＜コーチング＞　　　　　　　　☞P100

　悩んでいる時というものは、やってしまっ
た失敗と前向きになれない自分にとらわれ、
自分の可能性も見なくなりがちです。

　コーチングを使い、**未来形で語りかけ**、活
用できる資源と選択肢に着目したモチベー
ション支援をしましょう。

・「○○さんが目指したい〜〜に向けて、ど
　のような資源や選択肢があるか、まずは可
　能性を含めて一緒に考えてみませんか？」

＜劣等感パワー＋レジリエンス＞☞P90＋44

　「続けていけるか」と悩んでいる時は、何
に・誰に・なぜ劣等感を感じるのかを整理し
ましょう。そして「劣等感は成長の原動力」
「悲観的シミュレーションは才能」だと伝え、
レジリエンストレーニングを提案しましょう。

・「"今日の良いこと３つ"を毎日ノートに書
　き出すトレーニングをしてみませんか？」

- 「"今日の３つの感謝"を毎日ノートに書き出すトレーニングをしてみませんか？」

Q2　苦手なクライアント＆家族への支援に悩む新人にどのようなモチベーション支援ができますか？

（ケアマネジャー歴10年・女性）

ケアマネ・福祉職は総じて好感度が高くとてもよい印象で人に接することができます。

しかし、クライアント（家族）にはさまざまな生きづらさを抱えた人がいます。体調や心の状態が悪く、口ぶりや態度が悪くなってよくない印象を与えてしまうこともあります。相性の悪さや苦手意識は面接の足を鈍らせ仕事へのモチベーションを下げます。

クライアント（家族）の理解とともに、援助者としての自分を振り返り・自己覚知するモチベーション支援を試みましょう。

＜価値観モチベーション＞　　☞P78

価値観とは行動基準です。約120種類近くあります。ある場面への感じ方も対応も人それぞれです。なぜなら価値観が異なる上に優先順位が人によって違うからです。「本来は○○でないとおかしい」と思うのは価値観の押しつけ（審判的態度）でしかありませんが、新人の時に犯してしまう失敗の１つです。本人の自己覚知のために「私の**価値観発見シート**（P172）」などを使ってモチベーション支援を行います。

- 「○○さんが生き方や仕事で大切にしている価値観はどのようなものですか？」
- 「あなたがクライアント（家族）の○○さんと違うと思う価値観は何ですか？」

＜３つの自己モチベーション＞　☞P54

新人は自分の仕事への不安がある一方で、早く「認められたい、これでいいんだ、役に立っている」という実感を得たいと焦る時期があります。

新人の承認欲求、自己肯定感、自己効力感に着目したモチベーション支援を行います。

- 「○○さんは△△さんへの支援でとても誠実に向き合おうと頑張っていますね」
- 「○○さんの△△さんへのかかわり方は〜〜の経験（資格）が活きていますね」
- 「○○さんの△△さんへの支援でうまくいった成功体験を聞かせてくれますか？」

＜親和動機モチベーション＞　　☞P74

親和動機は「他者の注意を引き支持を得たい欲求」です。新人がクライアント（家族）に苦手意識を抱くのは支持を得ていないと実感しているからです。

まずは事業所の先輩たちとの親和動機と所属の欲求を満たし、次に他者志向で発想するために示唆的なモチベーション支援を行います。

- 「○○さんもいろいろ溜まってますよね。ではおもいっきりお互いに吐き出しちゃいましょう（笑）」
- 「この△△さんはどういう人とならよい関係になれるのか、どういうかかわり方を求めているのか、ちょっと考えてみませんか？」

＜興味・関心パワー＞　　☞P106

私たちが「なぜ、そうなっているんだろう？」と興味・関心を抱く時、「わかりたい」モチベーションが一方で湧き上がっています。

現状をケース分析するだけでなく、新人と

「いつもと違うかかわり方」を一緒に考え、その反応をともに分析する作業を繰り返すことで興味・関心へのモチベーションはアップするでしょう。

・「かかわり方にどういう工夫をしたら、どのような反応が返ってくると思いますか？」

Q3 50〜60代の新人のモチベーション支援はどのようにすればよいですか？

（ケアマネジャー歴6年・管理者：男性）

ケアマネジャーの50〜60代の新人層には、現場経験なしに更新だけはしてきた人と介護現場や障がいの現場から念願のケアマネジャーに合格した人の2種類がいます。

ケアマネジメントには相談面接の直接援助とケアチームをマネジメントする間接援助があり、集中力と迅速さが求められる膨大な実務作業もあります。50〜60代にはこれまでのキャリア実績を尊重しつつ、新たなチャレンジを促すモチベーション支援を行います。

＜キャリアデザイン＞　☞P60

これまでのキャリアをセルフアセスメントしてもらい、援助職としての専門能力（専門知識、専門技術）のどこをどのように伸ばすか、に着目したモチベーション支援を行います。相談面接はビデオ・ロールプレイ手法を導入して客観的に自己覚知してもらうようにするのが勘所です。

・「ご自分をセルフアセスメントしてどのような点に強みがあると思いますか？」

・「ご自分の課題をどのように達成していくか、一緒に計画を立ててみませんか？」

●相談するスタイルでモチベーション支援●

教えてください

＜社会貢献、使命感＞　☞P82

社会貢献や使命感はとても強いモチベーションパワーです。特に50〜60代は介護をする子ども世代でもあり、同世代だからわかりあえる感覚は貴重です。優位性を尊重することは「顔を立てる」ことにもつながります。**わからないことを相談する（頼る）というスタイル**でモチベーションアップを図る方法は効果的です。

・「クライアントのご家族は○○さんと同世代です。わからないことも多く、いろいろと相談に乗っていただけますか？」

> **ポイント**
> ・長持ちする専門職になるためにはレジリエンス体験をさせる
> ・劣等感や自信のなさも発想を転換し、モチベーションチャンスと捉える
> ・年長新人ケアマネには相談スタイルでモチベーションアップを図る

5 ベテランへの モチベーション支援

ベテランへのモチベーション支援の必要性と「3つの難しさ」

　一般的に10年以上の実務経験を積んだ専門職を「ベテラン」と呼びます。ベテランになるとひと通りの業務のイロハから失敗と成功を経験し、安定感のある「頼りになる存在」としてイチ目置かれる立場となります。

　ところが長く続けるとかならずぶつかる「仕事の壁」があります。

・仕事がルーチンワーク化してしまう
・仕事（ケース）に新鮮さが湧いてこない
・慣れと体力の低下で集中力が落ちてしまう

　これらがモチベーションの低下を誘引することになります。ベテランへのモチベーション支援には、次の3つの難しさがあります。

　第1は少人数事業所が多く切磋琢磨できる環境がない。第2に新人・中堅の離職・転職が多い事業所ではベテランが孤立しやすい。第3はケアマネジャーを**介護・福祉すごろく**の「あがり」（ゴール）と思っている層がいる。他にベテラン層には50～60代が多く、体力的にも無理が利かなくなっている点も無視できません。

ベテランのモチベーション支援は「賞賛・役割・貢献・感謝」で！

　ベテランへのモチベーション支援の基本は難しく考えず、21の技法のどれがマッチするかを工夫すればよいでしょう。そのなかでもポイントとなるのが「4つの勘所」です。

1）賞賛の言葉を贈る

　ベテランでも「賞賛の言葉」には承認欲求が満たされモチベーションが上がります。マズローの欲求5段階の4段目「尊敬の欲求」です。

2）役割を担ってもらう

　役職だけでなく、始業ないし終業の挨拶、朝の一言などベテランの立場を尊重した役割を担ってもらいましょう。

3）貢献してもらう

　ベテランの貢献といえばズバリ人材育成です。新人のメンター役やスーパーバイザー役、OJTの同行訪問役を担ってもらいます。

●慣れと加齢によるモチベーションダウン●

体力　集中力

４）感謝する

ベテランでも新人や中堅から贈られる感謝の言葉は本人の自己肯定感と有能感を満たしモチベーションアップにとても効果的です。

Q1 「自己流」がなかなか変わらないベテランさんのモチベーション支援はどうすればよいですか？

（ケアマネジャー歴12年・管理者：女性）

ベテランになると仕事の進め方に「自分なりのこだわり」が生まれてきます。そのベースが新人の頃そのままに「学んだ・習ったこと」だったりします。あとは「どう改善してよいかわからない」ために自己流できたという人もいます。「言われたことはできる」けれど「何をどうやるかを考えるのが苦手」という人にありがちなパターンです。

クライアント（家族）や地域の変化は急激で制度・施策も新しくなっているので、「変わらなくては」と思っているけれど、「変わ

れない」人に一方的に指摘やダメ出しをしてはモチベーションが下がるだけです。ベテランなりの悩みに共感しつつ、「変わること」を動機づけるモチベーション支援をします。

＜劣等感パワー＋レジリエンス＞☞P90＋44

ベテランになると「今さら聞けない」と内心では意外と劣等感を抱いています。「恥をかきたくない」という気負いが本来の謙虚な心を閉ざしてしまうのです。

本人のレジリエンス体験を傾聴し、モチベーションアップが図れたら具体的な改善の方法について一緒に考えましょう。

新人時代は誰にも失敗体験があり、劣等感に悩む時期を乗り越えて今があります。

・「新人の頃はどのような失敗や劣等感を持たれて乗り越えてこられたのですか？」

＜コーチング＞　　　　　　☞P100

コーチングは目標（ゴール）達成に向けて未来形でモチベーションアップする手法です。ゴールは大きい抽象的な目標でなく、

「○○の作業が60分でできる」など具体的でショートステップレベルにするのがコツです。小さな達成で自己肯定感を生みだしモチベーションアップを図るためです。

- 「○○さんが～～を○○分でできるようになるには、どれくらいの期間をかけますか？」
- 「そのためにはどのような資源や条件があればできますか？　たくさん選択肢を出しましょう」
- 「ではこの一週間は何から始めましょう？」

Q2 「もういい年なので」と話すベテランへのモチベーション支援とは？

（ケアマネジャー歴6年・女性）

ケアマネ・福祉職で働く人も40～50代が中心となり、ベテランクラスになると60～70代になっても現役で頑張っている人も増えてきました。

ベテランになると新しいことに「もういい年なので」とやんわりと拒否的な態度をとる人がいます。加齢による身体の機能の低下や集中力の低下もあるでしょうが、むしろいろいろな事情でモチベーションが上がらないことが原因だったりします。

ベテランたちの職業人としてのプロ意識や専門職への思い、仕事（社会参加）への思いに着目するモチベーション支援は効果的です。

＜仕事モチベーション＞　☞P64

ケアマネ・福祉職を選んだ理由には、得意・好き・貢献で選んだ人から、収入の安定や他に就職先がなかったなどの事情で選んだ

人までいます。ところが選んだ理由通りに実現できているとは限りません。ベテランになれば「高望みはしない」と諦め感やジレンマを抱えながら続けている人もいます。

実はこの「選んだ理由」に着目したモチベーション支援は**「初心回帰」**ともなり効果的なのです。

- 好き：「どういうタイプのクライアント（家族）さんが**好き**ですか？」
- 得意：「どういうところが**活かせる**と思ってこの仕事に就かれたのですか？」
- 貢献：「これまでで**役に立てた**と実感できたケースはどのようなものでしたか？」
- 興味：「続けてこられて、この仕事のどのような点が**おもしろい**と思われたのですか？」
- 安定：「続けてこられて、自分なりにどういうところが**向いている**と思われていますか？」

長くやってきたベテランだからこそ、選んだ理由はともあれ自分の職業人生への承認欲求は強いものがあり、そこにアプローチしましょう。

＜使命感＋期待＞　☞P82＋118

使命感はとても強い内的動機づけです。これまでの仕事経験で「とても使命感に駆られた」「仕事の原点になっている」などのケースの話を聴き取りましょう。そこで何が大きく変わったのかをその前と後にわけて聴き取ります。

しかし、過去の経験の聴き取りばかりで、「あの頃はまだ若くて……」と言い訳になっては元も子もありません。思い切ってベテラ

●初心回帰でモチベーションアップ●

ンだからこそ○○のケースをお願いしたい、担当の新人のメンターになってもらいたいと「未来形で期待する」ことも効果的です。

・「○○さんなら△△さんのケースを**よい方向にできる**と思うのですが、いかがですか？」

・「新人の△△さんのメンターとして３か月間だけ一緒に同行訪問してもらえませんか？」

＜親和動機モチベーション＞ ☞P74

ベテランになると長い経歴は実は重く、中堅・新人とは同じテーブルにはつけないような気持ちになっている場合もあります。本人の親和動機に応える機会（お茶会、食事会など）を作って関係作りでモチベーション支援をしましょう。

・「みんなで日頃のうっ憤を、思いっきり話せる機会を作りたいのですがいかがですか？」

Q3 事業所やケアマネ団体などの中心メンバーのモチベーションをどのようにアップすればよいでしょうか？

（ケアマネジャー歴15年・ケアマネジャー連絡会・会長歴６年・男性）

事業所やケアマネ（業界）団体などの中心メンバーになると一般的な営業職と比較してもコミュニケーション力やファシリテーション力はかなり備わっています。研修の進め方や企画運営に必要な忖度などもできる力量やノウハウも身についています。

しかし、現場を抱えながらの活動にはさまざまな制約があり、50代となれば当事者として親の介護にかかわることも増えてきます。

40〜50代のベテラン層に、いかに事業所や法人の管理的立場や地域の専門職団体の三役、リーダー的な役職を継続的に担ってもらえばよいのでしょうか。

それには使命感や期待感、社会貢献に着目

したモチベーション支援を行うととともに感動モチベーションとして楽しむ時間の共有もとても重要です。

＜内的動機づけ＋使命感＋感動＞

☞P36, 82, 110

法人や事業所、専門職団体などにかかわる人は、その立場になんらかの使命感を持って向き合っています。しかし、その高いモチベーションも6～8年経過するとマンネリ化という壁にぶち当たることになります。

内的動機づけの成長欲求に着目し、承認欲求や期待感には感謝の言葉がけなどで応え、モチベーション支援を行います。

- 成長：「○○の立場になられて、どのような点で自分が前向きに変わられましたか？」

- 感謝：「○○委員会や△△の会の皆さんからもとても感謝していると声が届いています」

- 楽しみ：「今度、仕事を離れてみんなで思いっきり楽しむことを企画してみませんか？」

ポイント

- ベテランのモチベーションダウンの3つの原因に着目する

- レジリエンス体験からベテラン独特の劣等感をパワーに変える

- 仕事の選択動機と継続動機に着目したモチベーション支援を行う

資料編

うつ病のチェック表（CES-D SCALE）

CES-Dとは、The Center for Epidemiologic Studies Depression Scale の略になります。

米国国立精神保健研究所（NIMH）により疫学研究用に開発された、一般人におけるうつ病の発見を目的として開発されたテストになります。

AからDの4つの段階に分かれており、当てはまるものに〇を付けます。
最近一週間の様子をつけていきます。

A.まれにあるいはなかった（1日未満）
B.いくらか（1〜2日）
C.たまにあるいはある程度の時間
D.ほとんどあるいは全ての時間（5〜7日）

このように、1週間のうちで何回ほどあったかという形で、20項目の質問に答えていきます。点数は男女差や年齢差はなく、CES-D16点以上がカットオフとなります。うつ状態を疑っていくラインとなります。

		ない	1〜2日	3〜4日	5日以上	採点
1	普段は何でもないことがわずらわしいと思う	A	B	C	D	
2	食べたくない、食欲が落ちたと思う	A	B	C	D	
3	家族や友達から励ましてもらっても気分が晴れない	A	B	C	D	
4	他人と同じ程度には能力があると思う	A	B	C	D	
5	物事に集中できない	A	B	C	D	
6	憂鬱だと感じる	A	B	C	D	
7	何をするのも面倒だ	A	B	C	D	
8	これからのことについて積極的に考えられる	A	B	C	D	
9	過去のことについてくよくよ考える	A	B	C	D	
10	何か恐ろしい気持ちがする	A	B	C	D	
11	なかなか眠れない	A	B	C	D	
12	生活について不満なく過ごせている	A	B	C	D	
13	普段より口数が少ない	A	B	C	D	
14	一人ぼっちで寂しい	A	B	C	D	
15	皆がよそよそしいと思う	A	B	C	D	
16	毎日が楽しい	A	B	C	D	
17	急に泣きだしたくなる	A	B	C	D	
18	悲しいと感じる	A	B	C	D	
19	皆が自分を嫌っていると感じる	A	B	C	D	
20	仕事（勉強）が手につかない	A	B	C	D	
総得点						

A＝0点、**B**＝1点、**C**＝2点、**D**＝3点
ただし、4、8、12、16は、**A**＝3点、**B**＝2点、**C**＝1点、**D**＝0点

燃え尽き度テスト

該当する場合は〇、該当しない場合は×で答えてください。

1 仕事の効率が低下していますか？ ☐

2 仕事の主導権をいくぶん失っていますか？ ☐

3 仕事への興味をなくしていますか？ ☐

4 以前に比べて仕事上のストレスを感じやすくなりましたか？ ☐

5 疲労を感じやすくなっていますか？ ☐

6 頭痛（肩こり含む）がしますか？ ☐

7 腹痛（下痢含む）がありますか？ ☐

8 最近体重が減っていますか？ ☐

9 睡眠障害（寝つきが悪い・眠りが浅い・途中で起きてしまう）がありますか？ ☐

10 息切れを感じることはありますか？ ☐

11 気分が変わりやすかったり、落ち込んだりしますか？ ☐

12 怒りっぽい（いつもイライラする）ですか？ ☐

13 欲求不満に陥りやすいですか？ ☐

14 以前に比べて疑り深くなっていますか？ ☐

15 以前に比べて自分が無力（不全感）だと感じますか？ ☐

16 アルコールを多飲していますか？ ☐

17 他人からの意見が受け入れられなくなったと感じますか？ ☐

18 自分自身および他人の能力に対して厳しくなったと感じますか？ ☐

19 多くのことをやっても、少ししかできていないように感じますか？ ☐

20 笑う機会が以前よりかなり減っていますか？ ☐

> I5項目以上に〇と回答した人は、燃え尽きている、あるいは燃え尽きかけている可能性が高いと考えられます。

ジェロルド S.グリーンバーグ著、服部洋子・山田富美雄監訳『包括的ストレスマネジメント』医学書院、p226より作成

セルフ・コーチング質問シート

氏名：

	自分への問いかけ	自分への「答え」
1	私はなぜこのことに悩んでいるんだろう？	
2	私がこの仕事で「実現したいこと」はなんだろう？	
3	自分のやりたい仕事（支援）はなんだろう？	
4	そのために何から始めればよいだろう？	
5	私の「強み」ってなんだろう？	
6	これまでに一番うまくいったケースはどれだろう？	
7	その体験からどんなことを学ぶことができただろう？	
8	私が今できることを「3つ」あげてみよう！	
9	まだ試したことがないことはどんなことだろう？	
10	私の力になってくれる人はどんな人だろう？	

人生曲線シート

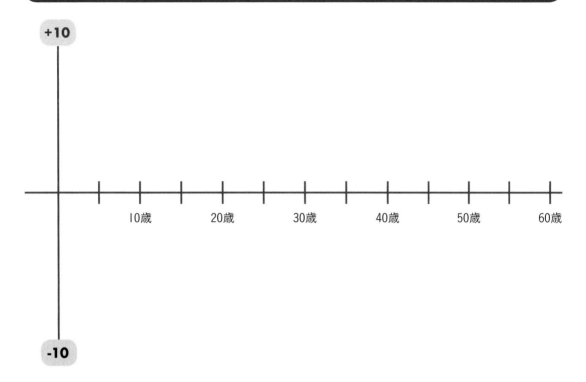

人生曲線シートはあなたの「これまで」の人生を振り返り、今の自分を知るシートです。

❶右端までを使い、自分の年齢を5年ごとに印を入れましょう（50歳なら10等分）。

❷それぞれの時期に「自分はどれほど人生に満足していたか」を＋とーで点数化します。

❸次に点数と点数を線で結んでグラフにしましょう。

❹次にどの時期に「モチベーションが高かったか、低かったか」をチェックします。マイナスだからモチベーションが低いわけではありません。何がきっかけでモチベーションアップしたか、ダウンしたか、を振り返り、ライフイベントとして「出来事」を書き込みましょう。

私の価値観発見シート

□率直	□名声	□真実	□思いやり	□尊敬	□感性	□やさしさ
□貢献	□成長	□挑戦	□完全	□忠実	□創造性	□新鮮
□ユーモア	□美しさ	□平和	□勤勉	□努力	□受容	□しきたり
□自由	□参加	□裕福	□謙虚	□忍耐	□賞賛	□継続
□卓越	□成果	□活力	□健全	□平安	□善良	□未来
□協力	□共生	□信頼	□向上心	□平和	□楽しさ	□普通
□競争	□つながり	□ゆとり	□公平	□平穏	□仕事	□シンプル
□承認	□選択	□自力	□最善	□誇り	□克己心	□豪華
□達成感	□認知	□感謝	□純粋	□まじめ	□収入	
□調和	□友情	□優雅	□信仰	□約束	□稼ぎ	自己記入欄
□規律	□軽快さ	□情熱	□栄誉	□安らぎ	□地元	□
□前進	□精神性	□勝利	□慎重	□健康	□本音	□
□正直	□愛情	□礼儀	□真剣	□奉仕	□沈黙	□
□成功	□自己表現	□支援	□信用	□人情	□中立	□
□正確	□倫理観	□評価	□信頼	□自己実現	□世間	□
□冒険	□創造性	□感動	□正義	□自己決定	□綺麗	□
□ありのまま	□独立	□新鮮	□誠実	□伝統	□情熱	□
□熱意	□養育	□独自	□責任感	□愛国心	□熱中	□
□伝統	□歓び	□いたわり	□善良	□倫理観	□夢中	

あなたが大切にしている価値観を優先順位で記入しましょう。

1	2	3	4	5

「私の価値観」セルフ演習

（所要時間）

約5分～7分間

（進め方）

❶まず、3分間で、このなかから、仕事や日常生活で大切にしている価値観をあらわす言葉にチェックを入れてください。自分の価値観にふさわしい言葉がない場合は自己記入欄に書いてください。考え込まずに、インスピレーションでけっこうです。いくつあっても構いません。さあ、はじめましょう。

❷次にチェックされたなかから、自分なりに仕事や人生で大切にしている「5つの価値観」を選びましょう。大きく○で囲ってみましょう。

❸では、下の欄に5つの価値観に優先順位をつけます。自分が大切にしている順番に下の表に記入しましょう。

❹生き方基準、仕事基準のそれぞれでやってみるのもよいでしょう。

（振返り）

自分に次の質問をしてみましょう。

・「どうして○○を一番目に選んだのだろう？」

・「どうしてこの優先順位になったのだろう？」

※このワークで抽出された価値観は人生経験や社会体験などを通じて変化しますから、固定化するものではありません。その価値観を選んだのはなぜなのか、を考えるだけで自己覚知につながります。複数名でやってみて発表し、感想を話し合うのもよいでしょう。

人生満足度尺度テスト

イリノイ大学名誉教授エド・ディーナー博士が開発したテストで、5つの質問に答えるだけで、その人が主観的に感じている幸福度を測ることができます。

質問

❶ほとんどの面で私の人生は私の理想に近い	点
❷私の人生はとても素晴らしい状態	点
❸私は自分の人生に満足している	点
❹私はこれまで、自分の人生に求める大切なものを得てきた	点
❺もう一度人生をやり直せるとして、ほとんど変えないだろう	点

１点：まったく当てはまらない

２点：ほとんど当てはまらない

３点：あまり当てはまらない

４点：どちらともいえない

５点：少し当てはまる

６点：だいたい当てはまる

７点：非常に当てはまる

合計	点

評価

35点〜**31点**	非常に満足	非常に満足度が高く、すべての面で人生がうまくいっていると実感している人
30点〜**26点**	満足	だいたいにおいて人生が順調な人
25点〜**21点**	少し満足	平均点よりやや満足している
20点	どちらでもない	平均的な人生の満足度
19点〜**15点**	少し不満	人生のなんらかの側面で不満がある
14点〜**10点**	不満	人生のさまざまな面で不満がある
9点〜**5点**	非常に不満	人生に対して非常に不満が強い人

前野隆司『実践 ポジティブ心理学―幸せのサイエンス』PHP研究所, 2017.より作成

人生幸福度テスト

「やってみよう！」因子（自己実現と成長の因子）

1 私は有能である □

2 私は社会の要請に応えている □

3 私のこれまでの人生は、変化、学習、成長に満ちていた □

4 今の自分は「本当になりたかった自分」である □

「ありがとう！」因子（つながりと感謝の因子）

5 人の喜ぶ顔が見たい □

6 私を大切に思ってくれる人たちがいる □

7 私は、人生において感謝することがたくさんある □

8 私は日々の生活において、他者に親切にし、手助けしたいと思っている □

「なんとかなる！」因子（前向きと楽観の因子）

9 私はものごとが思い通りにいくと思う □

10 私は学校や仕事での失敗や不安な感情をあまり引きずらない □

11 私は他者との近しい関係を維持することができる □

12 自分は人生で多くのことを達成してきた □

「あなたらしく！」因子（独立とマイペースの因子）

13 私は自分と他者がすることをあまり比較しない □

14 私に何ができて何ができないかは外部の制約のせいではない □

15 自分自身についての信念はあまり変化しない □

16 テレビを見るとき、チャンネルをあまり頻繁に切り替え過ぎない □

いずれも、1点：全くそう思わない、2点：ほとんどそう思わない、3点：あまりそう思わない、4点：どちらともいえない、5点：少しそう思う、6点：かなりそう思う、7点：とてもそう思う の7段階で回答します。□の中に点数を記入してください。

評価折れ線グラフ

あなたの値

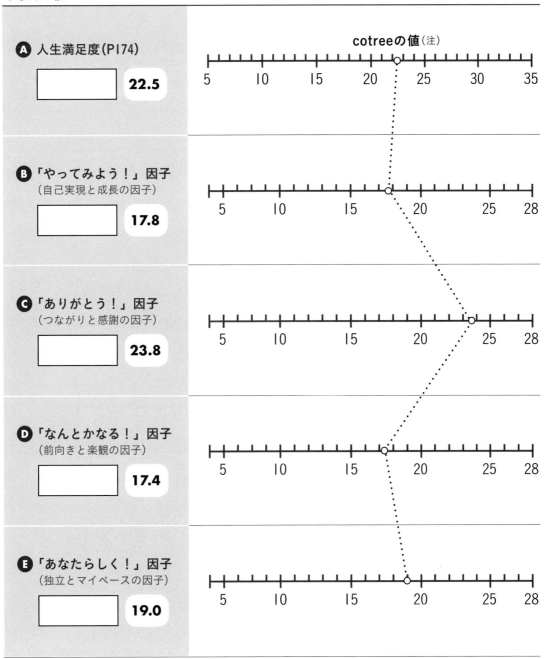

Ⓐ 人生満足度（P174）

22.5

cotreeの値（注）

5　10　15　20　25　30　35

Ⓑ 「やってみよう！」因子
（自己実現と成長の因子）

17.8

5　10　15　20　25　28

Ⓒ 「ありがとう！」因子
（つながりと感謝の因子）

23.8

5　10　15　20　25　28

Ⓓ 「なんとかなる！」因子
（前向きと楽観の因子）

17.4

5　10　15　20　25　28

Ⓔ 「あなたらしく！」因子
（独立とマイペースの因子）

19.0

5　10　15　20　25　28

（注）cotreeの値は、オンラインカウンセリングcotreeのwebsiteで
行った幸福診断の結果から求めた15000人の回答の平均値

参考文献

・A.R. ホックシールド「管理される心——感情が商品になるとき」世界思想社、2000年

・DIAMOND ハーバード・ビジネス・レビュー編集部「動機づける力」ダイヤモンド社、2005年

・金井壽宏監修／依田卓巳訳／ゲイリー・レイサム「ワーク・モティベーション」NTT 出版、2009年

・大前研一訳／ダニエル・ピンク「モチベーション3.0——持続する「やる気！」をいかに引き出すか」講談社、2015年

・宇野カオリ監修・訳／マーティン・セリグマン「ポジティブ心理学の挑戦——"幸福"から"持続的幸福"へ」
　ディスカヴァー・トゥエンティワン、2014年

・桜井茂男訳／エドワード・L・デシ、リチャード・フラスト「人を伸ばす力——内発と自律のすすめ」新曜社、1999年

・岸見一郎、古賀史健「嫌われる勇気——自己啓発の源流「アドラー」の教え」ダイヤモンド社、2013年

・小倉広「アルフレッド・アドラー 人生に革命が起きる100の言葉」ダイヤモンド社、2014年

・金井壽宏「働くみんなのモティベーション論」NTT 出版、2006年

・金井壽宏「働くひとのためのキャリア・デザイン」PHP 研究所、2002年

・斎藤孝「「できる人」はどこがちがうのか」筑摩書房、2001年

・榎本博明「モチベーションの新法則」日本経済新聞出版社、2015年

・前野隆司「実践ポジティブ心理学——幸せのサイエンス」PHP 研究所、2017年

・本間正人・松瀬理保「コーチング入門 第2版」日本経済新聞出版社、2015年

・本間正人・松瀬理保「セルフ・コーチング入門 第2版」日本経済新聞出版社、2016年

・平田史昭・渡辺三枝子「メンタリング入門」日本経済新聞社、2006年

・菅原道仁「「めんどくさい」がなくなる100の科学的な方法」大和書房、2017年

・佐藤富雄「運命は口ぐせで決まる——望みを叶える人に学ぶ 思考を現実化する法則」三笠書房、2014年

・島悟「メンタルヘルス入門」日本経済新聞出版社、2007年

・島悟・佐藤恵美「ストレスマネジメント入門」日本経済新聞出版社、2007年

・武井麻子「感情と看護——人とのかかわりを職業とすることの意味」医学書院、2001年

・武井麻子「ひと相手の仕事はなぜ疲れるのか——感情労働の時代」大和書房、2006年

・水澤都加佐「仕事で燃えつきないために——対人援助職のメンタルヘルスケア」大月書店、2007年

・安藤俊介「誰にでもできるアンガーマネジメント」ベストセラーズ、2017年

・田辺有理子「イライラとうまく付き合う介護職になる！アンガーマネジメントのすすめ」中央法規出版、2016年

・本田恵子「先生のためのアンガーマネージメント——対応が難しい児童・生徒に巻き込まれないために」
　ほんの森出版、2014年

・平木典子「アサーション入門——自分も相手も大切にする自己表現法」講談社、2012年

・吉田昌夫「こころが軽くなるマインドフルネスの本」清流出版、2017年

・渡辺一史「なぜ人と人は支え合うのか」筑摩書房、2018年

・倉本美津留「笑い論——24時間をおもしろくする」ワニブックス、2018年

・村瀬健「最強のコミュニケーション ツッコミ術」祥伝社、2015年

・岩間伸之「支援困難事例と向き合う——18事例から学ぶ援助の視点と方法」中央法規出版、2014年

・山根俊恵編著「ケアマネ・福祉職のための精神疾患ガイド」中央法規出版、2016年

・須藤昌寛「福祉現場で役立つ動機づけ面接入門」中央法規出版、2019年

・春日武彦「不幸になりたがる人たち——自虐指向と破滅願望」文藝春秋、2000年

・岡田尊司「パーソナリティ障害——いかに接し、どう克服するか」PHP 研究所、2004年

・齋藤環「社会的ひきこもり——終わらない思春期」PHP 研究所、1998年

・香山リカ「スピリチュアルにハマる人、ハマらない人」幻冬舎、2006年

おわりに

　この本を執筆しながら、ケアマネ・福祉の現場で働く皆さんが、モチベーションを
どうしてこれだけ求めるのだろうか、とずっと考え続けていました。

　いつかこのテーマで本を書きたいと思ったのは、約10年前のことです。企画から執
筆、完成に至るまでに約3年という月日がかかりました。途中で投げ出すことなく執
筆に取り組めたのは、私にとってこのテーマが魅力的だったことと、私の研修会で
「明日からまた頑張れます」と笑顔で話してくれる現場の皆さんの存在があったからで
す。

　私は「わかりやすくて元気が湧いてくる講師」と呼ばれています。それは私の研修
会では知識や技術の理解・習得だけでなく、受講される皆さんがお互いを励まし合い、
モチベーションをアップさせる場になることを心がけているからです。

　「看取り」をテーマに研修を依頼されることがあります。私は医師ではありませんか
ら医療的視点より、「本人らしい"生き方と逝き方"をどう支えるか」という切り口で
講義を展開します。
　そのなかで「あなたはどのような曲を聴きながら逝きたいですか？」というワーク
ショップをやってもらいます。意外にも多くの人がお気に入りのパワフルな歌やウキ
ウキする曲を選曲します。50代のケアマネジャーが「フラダンスをやっているので、
曲は"アロハ・オエ"ですね。服装はハワイアンドレスです」と話してくれました。

私は思います。

　身体はつらく、心は哀しくても、笑顔でにこやかにその時を迎えたい……、

　私たちは逝く瞬間も“幸せ”でいたいのではないか、と。

「光は光を照らし、心は心を輝かせる」

　私が40代だった頃、ふと湧き上がってきた言葉です。一般的に光が照らすのは闇だと思われています。しかし、闇は光を吸い込むから闇なのです。光は闇を照らすのではなく闇のなかにある「ほのかな光」を見つけて照らしているのだと思います。

　私は、人の心も同じではないかと考えます。どれだけネガティブになり、心が折れてしまっている人であっても、心のなかにその人なりの光（モチベーション）はあって、それを照らす光さえあれば、きっとまた心の光を輝かせることができると信じています。

　その光を見つけ、その人の心に差し込む光になるのが、皆さんの仕事なのではないかと私は思います。

　ケアマネ・福祉職の皆さんはクライアント（家族）の感情を受け止め、援助を行う「もっとも過酷な感情労働を強いられる専門職」です。

　私はそんな皆さんの応援団であり続けたい。

　本書が、皆さんのかけがえのない心と人生を支える一助となることを願っています。

　本書を刊行するにあたり、企画段階から粘り強く伴走してくれた中央法規出版第1編集部の中村強さんに感謝を申し上げます。

2020年2月

高室成幸

著者紹介

高室成幸（たかむろ　しげゆき）

ケアタウン総合研究所　代表

京都市生まれ　日本福祉大学社会福祉学部卒業
2000年にケアタウン総合研究所を設立し、ケアマネジャーや主任介護支援専門員、地域包括支援センター、相談支援専門員、社協職員、行政職員、施設職員、施設管理者などを対象に、ケアマネジメント、介護予防ケアマネジメント、地域ケア会議、支援困難ケース、モチベーション、施設マネジメント、虐待予防、リスクマネジメント、質問力、会議力、文章・記録など37にわたるテーマで研修・執筆・コンサルテーションを行っている。著書・監修書多数。雑誌への寄稿も多い。

【主な著書】
・「本人を動機づける介護予防ケアプラン作成ガイド」（共著）日総研出版、2019年
・「30のテーマでわかる！　地域ケア会議コーディネートブック」（単著）第一法規出版、2018年
・「ケアマネ育成指導者用講義テキスト」（共著）日総研出版、2017年
・「必携！　イラストと図解でよくわかるケアマネ実務スタートブック」（単著）中央法規出版、2017年
・「ケアマネジャーの会議力」（単著）中央法規出版、2017年
・「施設ケアプラン記載事例集──チームケア実践」（共著）日総研出版、2017年
・「新・ケアマネジメントの仕事術──現場実践の見える化と勘所」（単著）中央法規出版、2015年
・「ケアマネジャーの質問力」（単著）中央法規出版、2009年
・「ケアマネジャーの仕事力──スキルアップ13の技術」（単著）日総研出版、2008年
・「介護予防ケアマネジメント──『質問力』で磨こうアセスメントとプランニング」（単著）中央法規出版、2007年
・「ケア会議の技術」（共著）中央法規出版、2007年
・「介護保険『ケアプラン点検支援マニュアル』活用の手引」（共著）中央法規出版、2008年
・「『選ばれる福祉職場』になるための採用面接──複数面接＆実技観察」（単著）メディア・ケアプラス、2016年
・「伝える力」（単著）筒井書房、2010年
・「言いにくいことを伝える77のコミュニケーション──介護施設編」（単著）筒井書房、2011年

【主な監修書】
・「ケアマネジャー手帳」中央法規出版
・『もう限界！！』介護本シリーズ」自由国民社
・「介護保険の基本と仕組みがよ～くわかる本」秀和システム
・「これでわかる親の介護」成美堂出版、2015年

※研修事業に関する問い合わせ
ケアタウン総合研究所　http://caretown.com

ケアマネ・福祉職のための
モチベーションマネジメント
──折れない心を育てる21の技法

2020年3月20日　発行

著　者	高室成幸
発行者	荘村明彦
発行所	中央法規出版株式会社

〒110-0016
東京都台東区台東3-29-1 中央法規ビル
営　　　業　TEL 03-3834-5817　FAX 03-3837-8037
取次・書店担当　TEL 03-3834-5815　FAX 03-3837-8035
https://www.chuohoki.co.jp/

印刷・製本	日経印刷株式会社
装幀	渡邊民人（TYPEFACE）
本文デザイン	谷関笑子（TYPEFACE）
装幀・本文イラスト	田中　斉

ISBN 978-4-8058-8109-5

あなたのモチベーションが上がる言葉を書き込みましょう。